Ewa Nowak

Pajączek na rowerze

notatki na marginesie ◄
szczegółowe opracowanie ◄
streszczenie ◄

opracowanie
Mariola Rokicka

Wydawnictwo GREG®
Kraków

Ewa Nowak
Pajączek na rowerze

Redakcja i korekta:
Agnieszka Antosiewicz
Paulina Roszak-Niemirska
Maria Zagnińska

Opracowanie:
Mariola Rokicka

Ilustracje:
Katarzyna Śliwińska

ISBN 978-83-7517-803-6

Wydanie II rozszerzone

2020

Wydawnictwo GREG®
ul. Klasztorna 2B
31-979 Kraków
tel. (12) 680 15 50
www.greg.pl

Księgarnia internetowa: www.greg.pl

Layout okładki:
Aleksandra Zimoch

Zdjęcie na okładce:
Monkey Business Images/Shutterstock.com

Skład:
Pracownia Register

Ewa Nowak

Pajączek na rowerze

Autor: Ewa Nowak
Tytuł: *Pajączek na rowerze*
Rodzaj literacki: epika
Gatunek literacki: powieść
Czas akcji: XXI w.
Miejsce akcji: Warszawa, Gdańsk, jedna z mazurskich miejscowości
Bohaterowie: Ola, Łukasz, ich mamy, siostra i babcia Oli, Marcela, Adam, tata Łukasza, pani Iwonka, Paweł, Czapon, pani Bocian, Patrycja, Marzena, Tomek
Problematyka: pierwsza miłość dwojga dzieci, walka o to, na czym człowiekowi najbardziej zależy, brak zrozumienia ze strony rodziców, rozpad rodziny

WSTĘP

Trzymasz właśnie w ręku jedną z lektur, którą będziesz omawiać na lekcjach języka polskiego. Oprócz **pełnej treści lektury** bez żadnych skrótów znajdziesz tutaj **najlepsze na rynku** dokładne, wyczerpujące opracowanie. Zostało ono przygotowane we współpracy z doświadczonymi polonistami, uwzględniając wszystkie zagadnienia, które mogą Ci się przydać – w oparciu o tematy lekcji, wypracowania, pytania z podręczników i testów, a także wymagania z podstawy programowej. Znajdziesz więc tutaj:
- biografię pisarza zawierającą wszystkie potrzebne fakty,
- precyzyjnie określony i opisany gatunek literacki utworu,
- szczegółowy plan wydarzeń,
- dokładne informacje o czasie i miejscu akcji wraz z wykazem bohaterów,
- staranne i dokładne streszczenie,
- wnikliwie omówioną problematykę,
- wyczerpującą charakterystykę najważniejszych postaci.

Treść utworu została opatrzona **komentarzami na marginesach,** które wskazują najważniejsze informacje – o miejscach, postaciach, czasie akcji, ważne fakty, wydarzenia, cytaty. Możesz je potem łatwo odnaleźć w indeksie komentarzy.

Mamy nadzieję, że praca z przygotowaną przez nas lekturą będzie dla Ciebie łatwa i przyjemna.

Wydawnictwo GREG

ROZDZIAŁ I

Ola

Do końca wakacji pozostały trzy dni. Bardzo mało. Ola, która, delikatnie mówiąc, nie przepadała za szkołą, postanowiła zrobić wszystko, żeby się początkiem roku szkolnego nie przejmować, a te trzy dni wykorzystać najlepiej jak tylko można.

Czas zdarzeń – koniec sierpnia

Każdego dnia wstawała bardzo wcześnie, pędziła po bułki i biały ser, potem łykała w biegu śniadanie i zanim którakolwiek z koleżanek zjawiła się na podwórku, ona już była po długiej rowerowej wycieczce i czternastu fikołkach na trzepaku. A potem oczywiście cały dzień bawiła się na podwórku, dopóki jej mama – zła, że Ola siedzi na dworze po nocy – po nią nie zeszła.

Ola – zamiłowanie do aktywności fizycznej

Poza tym ciągle bardzo się pilnowała, żeby szkole nie poświęcić nawet pół myśli. Nie było to wcale łatwe, bo wszyscy jakby się zmówili, wciąż tylko odliczając, ile godzin wolności im zostało. Wtedy Ola wskakiwała na rower i robiła błyskawiczną rundkę wokół podwórka. Gdy wracała, najczęściej rozmawiano już o czymś innym.

Ola – niechęć do szkoły

– Marcela! Cześć! Wróciłaś już?! – radośnie powitała koleżankę z klasy. – Jak fajnie wyglądasz! Włosy masz super. Ale ci urosły! Skąd masz taką spódnicę?

– Babcia mi kupiła na początek roku. A właśnie… Nie wiesz, o której…

– Nie chcę o tym słuchać. Ani słowa o szkole! Nic nie wiem! – Ola zakryła uszy rękami.

– Ale powiedz mi… Zostały już tylko…

Ola jednym susem wskoczyła na rower. Słyszała za sobą głos Marceli, ale ani myślała do niej wracać. Niech kto inny informuje ją o sprawach szkolnych. Ola, dopóki to jeszcze możliwe, chce zapomnieć, że coś takiego jak szkoła w ogóle istnieje. Gnała na rowerze przed siebie, starając się nie myśleć o niczym.

Pod kołami roweru coś błysnęło. Moneta? Scyzoryk? Otwieracz do konserw? Klucze?

Zahamowała. Nie zsiadając z roweru, cofnęła się i schyliła. Tak, to były klucze. Chyba ważne, był ich cały pęk. Położyła klucze na dłoni i każdego kolejno dotykała. Pierwszy był długi, potężny i z groźnymi zębami po obu stronach – skojarzył się Oli z psem, który szczerzy zęby na złodzieja. Potem kilka mniejszych, bardzo zwyczajnych, niewiele się od siebie różniących. Następny był dziwny – ani srebrny, ani złoty, wyglądał, jakby go ktoś dotykał rękami ubrudzonymi czerwoną farbą. Ten błyszczał najbardziej. I ostatni – malutki, przytulny i zgrabny, wyglądał najsympatyczniej.

Znalezienie przez Olę kluczy

„Pewnie od skrzynki na listy" – pomyślała Ola, chociaż jej klucz do skrzynki miał całkiem inny kształt. Trochę dziwne, trochę tajemnicze, a trochę nijakie są takie cudze klucze. Wiesz, że coś otwierają, ale co? Furtkę? Mieszkanie? Piwnicę? Garaż? Może jakąś starą, zapomnianą hurtownię? Od razu sobie wyobrażasz, jak ktoś nosi je w torbie albo w kieszeni, jak je wyjmuje, korzysta z nich. Cudze, obce klucze… Gdy tylko weźmiesz je do ręki, otwierają twoją wyobraźnię. Z Olą też tak było. Stojąc w rozkroku, z ramą roweru między nogami, nie mogła oderwać wzroku od brzęczącego pęku kluczy. Były połączone kółkiem, trochę tylko zniszczonym. Nie miały żadnych znaków szczególnych, niczego, co by ułatwiło odnalezienie ich właściciela albo miejsca, które otwierają.

„Trudno, trzeba będzie napisać ogłoszenia, rozlepić je, chodzić i pytać ludzi. Może spotka się kogoś tajemniczego, może…".

Perspektywa szukania właściciela kluczy wydała się Oli niezwykle interesująca. Poczuła, że te klucze będą dla niej bardzo ważne. Wsadziła je do tylnej kieszeni spodni, wskoczyła na rower i pognała w stronę Marceli, ale ta na jej widok odwróciła się plecami.

Obraziła się, że Ola nie chciała z nią rozmawiać o początku roku i tak nagle odjechała – to pewne, bo Marcela była obrażalska i czasem zachowywała się, jakby tylko szukała pretekstu, żeby się obrazić i oczywiście ten pretekst zawsze umiała znaleźć. Ola, która już nieraz doświadczyła na sobie humorów Marceli, postanowiła udać, że tego nie widzi.

– Zobacz, co znalazłam! – wyciągnęła z kieszeni klucze.

Brak reakcji.

– Zobacz! Klucze! Ciekawe czyje? Kto je zgubił? Jak myślisz, może są od czegoś niezwykłego?

Marcela bez słowa zerknęła na pęk kluczy.

– Ty, a może to Grześka! – niemal krzyknęła Ola, bo rzeczywiście Grzesiek od dawna szukał kluczy.

– On zgubił klucze w zeszłym roku, i to zimą, na sankach, jak był u babci w Szczecinie, więc to raczej nie jego. Zresztą te wyglądają na nowe. Pokaż mi je. – Ciekawość zwyciężyła i Marcela zapomniała o swojej urażonej dumie. – Wiesz co? Może to są klucze kogoś bardzo bogatego i on da nam nagrodę?

„Nam? Jasne" – pomyślała Ola, ale nic nie powiedziała, tylko na wszelki wypadek wyciągnęła rękę, żeby Marcela oddała jej klucze. Ta jednak udała, że tego nie widzi, i wolniutko, tak jak Ola przed chwilą, oglądała jeden po drugim. Ten błyszczący na czerwono obejrzała nawet pod słońce, tak jak się sprawdza, czy banknot jest prawdziwy.

– Oddaj mi – zdenerwowała się Ola.

Jeszcze chwila, a wyrwałaby Marceli klucze.

– A wiesz co, Olka? Jedna koleżanka mojej siostry ciotecznej też znalazła klucze. To były klucze chłopaka z jej szkoły i potem oni ze sobą chodzili…

Ola wzięła klucze, ale nagle przestały jej się wydawać aż tak interesujące. Nagroda – może jakaś spora suma, skuter, wielki wór dmuchanej czekolady albo sto biletów do wesołego miasteczka – to było coś, ale chłopak? Chłopak był Oli do niczego niepotrzebny. Miała chłopców w swojej klasie i dobrze wiedziała, że nie są oni niczym ciekawym. Już przywiązała się do myśli, że teraz zrobią jakieś fajne ogłoszenia, potem będą je rozwieszać, potem ktoś się zgłosi i nie będzie mógł się nadziękować…

– Ola, zobacz! Ten chłopak chyba czegoś szuka. Dawaj te klucze!

Wszystko potoczyło się zdecydowanie za szybko. Marcela wyrwała jej klucze z ręki, złapała ją za ramię i pociągnęła tak mocno, że Ola o mały włos się nie przewróciła. Podbiegły do chłopaka, który nosił aparat ortodontyczny i mówił strasznie niewyraźnie, ale od razu przyznał, że zgubił klucze i teraz ich szuka, bo jego mama nic jeszcze o tym nie wie, a jak się nie do-

Pierwsze spotkanie
Oli i Łukasza

wie, to się nie zdenerwuje, więc fajnie, że je odzyskał. Wziął klucze, spojrzał na Olkę, zrobił się czerwony jak jego własny klucz i szybko odszedł. Nie było nawet „dziękuję", a co dopiero miłej pieniężnej nagrody. Ola była rozczarowana.

– Może chcesz się przejechać na rowerze Olki?! – krzyknęła jeszcze Marcela, a Ola szturchnęła ją w ramię.

Też coś! Co za pomysł? Nie ma najmniejszego zamiaru udostępniać temu sepleniącemu mrukowi swojego roweru. A poza tym niech Marcela tak się nie rządzi cudzą własnością.

Chłopak usłyszał wołanie Marceli i odwrócił się, ale jakoś tak dziwnie, bokiem, i wcale się nie zatrzymał, natomiast skulił się, jakby ktoś go niespodziewanie chłosnął batem. Dziewczynki patrzyły w ślad za nim, aż wszedł do bloku.

| Łukasz – zawstydzenie |

– Po pierwsze, się nie rządź, a po drugie, dlaczego mu dałaś te klucze?! Tak po prostu? Trzeba było go przepytać. Może to wcale nie jego? Może to jakiś złodziej? Myślę, że na pewno nie są jego – powiedziała bezgranicznie rozczarowana Ola, wciąż patrząc na budynek, do którego wszedł chłopiec.

| Łukasz – oczami Oli |

| Łukasz – wygląd |

Chłopak zrobił na niej okropne wrażenie. Po pierwsze – był bardzo niski i chudy, po drugie – jakiś taki… nijaki, a po trzecie – za szybko się to wszystko stało. Ola chciała działać, szukać właściciela, przeżyć coś fajnego. Tyle sobie po tych kluczach obiecywała, a nie ot tak, po prostu oddać i kropka.

– Oj, jego. Na pewno jego, przecież szukał.

– Skąd wiesz, że szukał kluczy?

– Bo go zapytałam. To co teraz robimy? Może gdzieś pojedziemy?

– A dlaczego chciałaś dać mu jeszcze mój rower, co? – Ola ze złości zaczęła kopać krawężnik.

– Nie wiem – szczerze przyznała Marcela. Zastanowiła się chwilę i zaraz dodała: – Bo on tak patrzył… na mnie… Zresztą nie wiem. To co robimy?

Nie minęło dziesięć minut, a Ola, Marcela i jeszcze kilka osób z podwórka pojechało udeptaną drogą na wał przeciwpowodziowy nad Wisłą, gdzie była najładniejsza ścieżka rowerowa na świecie. Był słoneczny, ciepły dzień, idealny do jazdy na rowerze. Po drodze obserwowali, jak dwa łabędzie o coś zaciekle się biją. Potem zobaczyli łopian o liściach tak wielkich, że pod jednym mogły się schować dwie osoby, podglądali zakochanych, którzy całowali się schowani w wysokiej nadwiślańskiej trawie. Później zmoczyła ich krótka ulewa i musieli wyżymać skarpetki, a po południu, gdy wracali do domu, o sprawie kluczy Ola i Marcela już nie pamiętały.

*

Ola weszła do mieszkania i zobaczyła mamę leżącą na kanapie, z mokrym ręcznikiem na czole.

– Mamo, co się stało?

– Wyobraź sobie, że babcia zapisała się do domu kultury. Jakaś sąsiadka ją namówiła. Nie mogę jej tego wybić z głowy – jęknęła mama i poprawiła ręcznik. – Najpierw ten laptop, a teraz to. Mam nowy kłopot.

– Jaki kłopot?

– Jak to jaki? – Mama raptownie wstała, a ręcznik spadł jej na kolana. – Teraz będę musiała jej wybrać kurs, potem ją tam wozić, potem pocieszać, że musi zrezygnować, bo to przecież nie dla niej, potem ciągle będzie coś nie tak. Wiesz, jak to jest ze starszymi ludźmi... Poza tym po co babci jakieś zajęcia zorganizowane? No po co? Co ona chce robić? Przecież ma tę sąsiadkę, może sobie z nią pogadać, jak jej się nudzi.

Mama Oli – o kłopotach z babcią

– To chyba fajnie, że będzie gdzieś chodzić. Ciągle narzekasz, że ma tylko nas. A teraz będzie miała jakichś nowych znajomych.

– No tak, jeszcze i to. Znajomi. Przecież babcia nie nadaje się do znajomych. Ona jest taka... infantylna.

Mama Oli – o babci

– Mamo, nie przejmuj się bez potrzeby.

– Łatwo ci mówić, bo to nie twoja matka. Najwyraźniej ma za dużo pieniędzy. Ręce umyłaś? Chwili spokoju z wami wszystkimi nie ma. Dom kultury w jej wieku? Nie słyszałam, żeby siedemdziesięciolatka... Mleko z płatkami czy jajka z majonezem?

– Mleko.

Mama wyjęła mleko z lodówki. Ola nalała sobie do miseczki, nasypała górę płatków z miodem i orzeszkami i zaczęła chrupać. Bardzo jej się podobało, że babcia będzie mieć laptopa. Co prawda jakoś średnio pasował do babcinego mieszkania, bo babcia miała ciężkie brzuchate meble na dziwnych nogach zakończonych rzeźbieniami w kształcie zwierzęcych łbów, zawsze wypastowane podłogi, gigantyczne poduchy na łóżkach i paprocie panoszące się na starych, drewnianych, bardzo już niemodnych stojakach. Sama babcia też była niemodna, zawsze chodziła w spódnicy i chwaliła się, że miała w życiu tylko jedną parę spodni. A teraz laptop... Nawet fajnie.

– Cześć wszystkim! Jesteśmy! Mała, weź ode mnie paczki.

Ola nie odezwała się ani słowem. Nie miała zamiaru robić dwóch rzeczy: reagować, gdy siostra mówi do niej „mała", i brać od niej paczek, w których nigdy nie było nic dla niej. Co najwyżej książki i żywność zawierająca orkisz, bo siostra miała prawdziwego hopla na punkcie orkiszu.

– Chodźcie, kochani. – Mama podeszła do starszej córki i jej chłopaka, Pawła, i wzięła od nich paczki. Z dwóch siatek wystawał chleb orkiszowy. Mama uśmiechnęła się, jakby właśnie o nim marzyła, i zaraz postawiła na stole dwa dodatkowe nakrycia. – Mam kłopot z babcią. Wiecie, co ona znów wymyśliła? Chcc kupić laptopa, bo podobno jakieś jej sąsiadki mają.

– To fajnie. Będę do niej pisać e-maile, może czasem coś mi wyszuka w Internecie. Poza tym zawsze u niej się nudzę, a tak to będzie można przynajmniej w coś pograć, prawda?

– Racja – poparł ją Paweł i nalał sobie tak dużo mleka, że prawie wylewało się z miseczki.

Ola zacisnęła usta. Gdyby ona tak zrobiła, mama od razu złośliwie by ją zapytała, czy na pewno aż tyle zje. Pawła oczywiście nie zapytała.

– Tak mówicie? Może i macie rację. No... w zasadzie...

Ola poczuła dobrze znane, przykre ukłucie za-

Ola – poczucie nierównego traktowania jej i siostry

zdrości. Mama zawsze słuchała Baśki, zawsze się jej radziła i zawsze uważała, że Baśka zjadła wszystkie rozumy. W takich momentach Ola nie przepadała za Baśką, a może nawet zaczynała jej nie lubić. To nic miłego, gdy własna mama liczy się tylko ze zdaniem tej drugiej córki.

Ola słuchała opowieści siostry, jak to dziś w autobusie coś tam, potem o tym, jak w sklepie jakiś pan coś tam... Patrzyła, ile razy Paweł dolewa sobie mleka, i małodusznie myślała, że nie starczy już dla niej. Lubiła Pawła, ale nie znosiła, gdy wypijał mleko. Jej mleko.

– Ola, wyrzuć jeszcze śmieci. Obierałam warzywa i do jutra skórki będą brzydko pachnieć – powiedziała mama. – I co, Basieńko, poczęstujesz nas orkiszem? – mama uśmiechnęła do Pawła, jakby za chwilę miała go poprosić o coś, na czym bardzo jej zależy.

Ola przewróciła oczami. Nienawidziła tych uśmiechów mamy. Wzięła torbę ze śmieciami i wyszła. Chodzenie do śmietnika nie należało do jej ulubionych zajęć, ale wolała już to, niż słuchać, jak mama zachwyca się Pawłem albo – jeszcze gorzej – Baśką.

„Czy to czasem nie ten od kluczy?".

Ola nie miała pewności, bo chłopiec stał tyłem do niej, ale na wszelki wypadek, żeby jej nie zobaczył, schowała się za ścianą śmietnika.

Tak, to on. A ta pani? Krzyczy mu prosto do ucha, jakby był głuchy. O rany, ale mu się dostaje! Może to za te zgubione klucze? Ale przecież mówił, że jego mama jeszcze nic nie wie, a teraz się znalazły, więc to nie o to chodzi.

Ola zastrzygła uszami. Zmrużyła nawet powieki, żeby lepiej słyszeć.

– …jak możesz… nie jesteś dzieckiem… czego ty byś chciał… sam wiesz, jaka jest sytuacja… i znów to samo… no tak, popłacz się teraz… jesteś takim mazgajem…

Było oczywiste, że ta pani jest jego mamą, bo tylko mamy tak niemiło mówią do swoich dzieci. Poza tym

Ola – o mamach

pewnie nic strasznego się nie stało. Mama po prostu robi mu kazanie ogólne. Ola dobrze to znała. Jej mama też dawała kazania ogólne dwa lub trzy razy w tygodniu. Nic wielkiego, wszystkie dzieci to znają. Ola nazywała to gadankami. Dziwne było tylko, że ten chłopak się popłakał. Mazgaj! A może jakiś chory? Ola nigdy nie płakała. No, może raz czy dwa, gdy ktoś postraszył ją pająkiem albo jak jej się tarantule śniły. Owszem, wtedy płakała, ale inaczej, ze strachu, a nie tak... przed mamą. Ryczeć, bo mama na ciebie krzyczy? Obciach!

Łukasz – płacze
pod wpływem emocji

– ...wyrzuć i zaraz jedziemy – usłyszała jeszcze Ola i instynktownie dała nura za śmietnik.

Nie widziała, co się dzieje, ale słyszała kroki chłopaka, jego pociąganie nosem, szelest torby foliowej...

– No proszę, a ty... Niesamowite... Wałęsak leśny! Co ty tu robisz? Zabłądziłeś, biedaku. Dawno takiego wielkoluda nie widziałem. Dobry jesteś. Uważaj na siebie... Ja już muszę iść.

Łukasz – fascynacja pająkami

Ola jeszcze chwilę stała przyklejona do ściany śmietnika. Odczekała, aż ucichł dźwięk silnika, i wychyliła głowę.

„Gada do siebie... Kogo on mógł spotkać w tym śmietniku? Wałęsak leśny? Nienormalny ten chłopak".

Ola weszła do małej, zastawionej kontenerami altany śmietnikowej i w tym momencie wszystko zrozumiała. Na rączce metalowego pojemnika siedziała skrajnie obrzydliwa, włochata bestia i poruszała jedną z nóg. Taka bestia, jakich Ola bała się najbardziej.

Zamarła z przerażenia. Czuła, że zimny pot leje jej się po plecach, a włosy zjeżyły się całkiem jak sierść na grzbiecie przestraszonego kota. Nogi wrosły jej w chodnik, w uszach zaczęło coś przeraźliwie szumieć, gardło miała ściśnięte. Torba ze śmieciami wypadła jej z ręki. Ola nie była zdolna się ruszyć ani oderwać wzroku od tego obrzydlistwa, a co dopiero stąd uciec. Jak skamieniała patrzyła na brązowego pająka.

Ola – strach przed pająkami

Drgnął. Poruszył jedną z licznych nóg i obrócił się jakby trochę w lewo. Ola zrozumiała, że idzie po nią. Zdobyła się na gigantyczny wysiłek i oderwała ważące po sto ton nogi od ziemi. Z wrzaskiem wybiegła ze śmietnika i gnana panicznym strachem popędziła do domu. Wpadła do mieszkania i szybko zatrzasnęła za sobą drzwi.

ROZDZIAŁ II

Łukasz

Stał przed drzwiami windy i myślał wciąż o tym samym – jak to dobrze, że te dziewczyny znalazły jego klucze. Jak to dobrze, że znów są w jego kieszeni. Jak to dobrze, że się nic nie wydało. Jak to... okropnie, że na całym świecie nie ma ani jednej osoby, której mógłby powiedzieć o tym, że je zgubił i szybko odzyskał. Mówienie czegoś takiego mamie było jak iganie z ogniem. A tatuś... tak, tatuś na pewno by się śmiał, na pewno uznałby, że to zabawne, fajne. Uznałby tak, gdyby był... ale go nie ma.

> Łukasz – nie ma oparcia w rodzicach

Przyjechała winda. Łukasz wsiadł, nacisnął piątkę i winda ruszyła.

Była to jasna, nowoczesna winda, ale Łukasz jej nie lubił. Nie lubił na tym osiedlu niczego – ani nowego mieszkania, ani swojego pokoju, ani widoku na Wisłę, ani bloku, ani sklepu. Lubił ich stary dom i zupełnie nie rozumiał, dlaczego ktoś, na przykład jego rodzice, wolałby mieszkać tutaj. Tylko że z opinią dzieci nikt się nigdy nie liczy.

Winda dojechała na piąte piętro. Łukasz wysiadł, podszedł do drzwi swojego nowego mieszkania i wyjął z kieszeni klucze. Położył je na dłoni i zrobił ruch, jakby chciał je zważyć. Nie lubił tych kluczy, a najbardziej tego miedzianego, czerwonego (jakby go ktoś przypalał) i tego wielkiego, wyszczerzonego (jakby się śmiał z Łukasza).

– Synku, jak tam na podwórku? Masz już jakichś kolegów? – nie czekając na odpowiedź, mama od razu zmieniła temat. – Dziś powinieneś przygotować się do szkoły. I pamiętaj: poćwicz nogi. A wkładki kiedy ostatnio myłeś?

– Dobrze, mamo – nieuważnie odparł Łukasz i to był błąd, bo mama z miejsca się zirytowała.

– Synku, to nie jest mój wymysł. Przecież wiesz, że jeśli nie będziesz ćwiczył, to samo noszenie wkładek nic nie da. Czy to tak trudno dwa

Mama Łukasza – troszczy się o zdrowie syna

razy dziennie poświęcić dziesięć minut? Chyba nie chcesz wykoślawiać nóg, gdy będziesz dorosły... Co, Kruszynko?

Łukasz milczał. I to też był błąd.

– Czy mógłbyś mi odpowiedzieć, gdy cię o coś pytam? Czy piłeś dziś tyle, ile trzeba? Wiesz, jakie to ważne dla nerek, szczególnie w taki upał? Łukaszku, Kruszynko, dlaczego się nie pobawisz z dziećmi na podwórku?

– A tatuś kiedy zadzwoni? – zapytał Łukasz, nie patrząc na mamę.

– Nie wiem. Dzwonił przecież niedawno. Poćwicz stopy, dobrze? – mama pochyliła się nad Łukaszem i pocałowała go we włosy.

Łukasz obrócił twarz w stronę mamy i posłał jej krzywy, zupełnie nieprzekonujący uśmiech.

Dla mamy tatuś zawsze dzwonił „niedawno". Wszystko jedno, czy dzwonił dwa, czy dwadzieścia dni temu – ona zawsze uważała, że „niedawno". W zasadzie Łukasz nawet się dziwił, że mama wcale na telefon nie czeka. On czekał i zawsze miał czas, żeby z tatą porozmawiać, a gdy tylko odkładał słuchawkę, przychodziło mu do głowy sto rzeczy, których zapomniał tacie powiedzieć. Trudno. Trzeba cierpliwie czekać na telefon, nie zachowywać się jak małe dziecko i zrozumieć, że tatuś pracuje. Do Libanu wyjechał nie tylko on, ale prawie stu lekarzy, bo tam lekarze zarabiają więcej pieniędzy. Łukasz wolałby, żeby tatuś pracował w Pol-

Łukasz – tęsknota za tatą

sce, ale trudno. Nie będzie się nikomu z tego zwierzał, bo po co? Kilka razy próbował i co? Oczywiście awantura, że Łukasz jest dziecinny, że nic nie rozumie, że tatuś robi karierę, a to bardzo ważne, niech przestanie myśleć tylko o sobie. Łukasz starał się więc, jak mógł, żeby nie zdradzić się z tym, jak bardzo za tatą tęskni. I udawało mu się to tak dobrze, że ostatnio usłyszał, jak mama mówi do kogoś przez telefon: „Łukasz bardzo dobrze znosi wyjazd ojca. To już duży chłopiec. Rozumie, że praca to praca". Łukasz był dumny, że tak dobrze udaje, ale było mu jednocześnie smutno, że mama tak łatwo na to udawanie daje się nabierać. Trudno. Teraz trzeba poćwiczyć stopy, wypić wodę, zjeść jakieś owoce, umyć zęby, założyć aparat ortodontyczny i najgorsze: wyjść na okropne, obce, dużo gorsze od tego starego, podwórko i udawać, że wcale się nie przejmuje tym, że gra w piłkę jak oferma.

*

Odszedł od kasy z lodem w dłoni i dopiero wtedy uświadomił sobie, że przecież ma na zębach aparat. Jak zje loda w aparacie? Nie miał ze sobą pudełka, do którego mógłby go schować, a wciskanie aparatu do kieszeni czy położenie go na chwilę na murku nie wchodziło w grę. Co robić?

W zasadzie stracił ochotę na jedzenie, ale jakieś dwadzieścia metrów od niego stała grupka chłopców z podwórka. Już dawno zwrócił na nich uwagę, bo znaleźli fajne miejsce w cieniu i grali w piłkę. Łukasz mógłby z nimi zagrać, gdyby go poprosili... Jeśli zobaczą, że kupił loda i zaraz go wyrzuca, na pewno nigdy do niego nie podejdą.

Z kolegami zawsze szło mu bardzo trudno, więc nie może teraz ryzykować, że uznają goza kompletnego wariata. Chwilę pomyślał i zdarł opakowanie. Ruszył

> Łukasz — problemy
> w kontaktach z rówieśnikami

w stronę chłopców, jakby chciał tylko koło nich przejść. Gdy był już blisko, upuścił loda na ziemię.

– O rany! Lód mu wypadł!

– Ale się rozklapciał!

– Ty, co to było?

– Superior – cicho odparł Łukasz, wykorzystując okazję, że któryś z chłopców go zaczepił.

Stanął ze spuszczoną głową nad smętnymi, topiącymi się resztkami loda.

– Superior? Co ty tak niewyraźnie... a, masz aparat, jak moja siora. Ona też ma taki, tylko niebieski.

– Moja ciotka też nosi, chociaż jest już stara, ma trzydzieści lat. Srebrny, z kolorowymi gumkami, żeby jej do wszystkich ubrań pasował. Ale to babska fanaberia, tak mówi mój tatuś. Nie lubi jej, bo ona ma za dobry samochód...

– Patrzcie, jak się szybko topi. Szkoda, nie?

– Wiecie co? Mnie kiedyś też wypadł, i to jeszcze gorzej!

– Jak to gorzej? Gorzej już nie można. Nawet nie polizał ani razu, sam widziałem.

– A jednak gorzej, bo biegłem do autobusu i wtedy jedna pani...

– I co, kupisz sobie drugiego?

– Nie mam już kasy – skłamał Łukasz. – Zresztą jak teraz na niego patrzę...

– Obrzydliwy jest, co nie?

– Tu z boku, patrzcie, muszą być te konserwanty, nie?

Chłopcy zwiesili głowy i patrzyli na roztopioną bezkształtną pacię. Rzeczywiście, po takim widoku ochota na lody jakoś przechodziła.

– Zagrasz z nami...? Wprowadziłeś się...? Gdzie mieszkasz...? Do której szkoły będziesz chodził? O, to z Kozakiem i ze mną... i jeszcze z dwiema strasznie głupimi dziewczynami z naszego osiedla... masz swoją piłkę?

– Cześć, Marcela! – krzyknął Adam na widok koleżanki maszerującej po drugiej stronie ulicy. – Wiesz, on jest nowy, będzie z nami w klasie! – podzielił się nowiną.

– Idę teraz z dziadkiem do kina, a potem na pizzę i będę mieć nowe rolki – pochwaliła się Marcela i nawet na Łukasza nie spojrzała.

On też na nią nie spojrzał. Razem ze wszystkimi ruszył w stronę ocienionego miejsca. Co z tego, że na wyznaczonym boisku rosło pełno drzew? Przynajmniej nie było aż tak gorąco jak w pełnym słońcu.

– Staniesz na bramce?

– Mogę – odparł Łukasz, któremu było zupełnie wszystko jedno, bo i tak, bez względu na jakiej pozycji by stanął, już za kilka minut nowi znajomi zobaczą, jaki z niego piłkarz.

> Łukasz – słabo gra w piłkę nożną

*

> Mama Łukasza – dba, by syn pilnował porządku

– Łukaszku, dlaczego zostawiłeś buty w takim stanie? Trzeba je najpierw oczyścić. Zobacz, ile na nich piachu. Wyjmij odkurzacz...

– Pić mi się chce, mamo.

– Dobrze, napij się i odkurz. Ja nie będę po tobie sprzątać. Trzeba było piachu nie wnosić, to nie musiałbyś teraz sprzątać. Trudno, też nie uśmiecha mi się słuchać ryku odkurzacza, ale kto ma cię wychować? Napiłeś się już?

Łukasz wyciągnął odkurzacz. Był zmęczony, spocony, ledwo trzymał się na nogach. Gra w piłkę w taki upał, nawet gdy jest się najgorszym z graczy, była wykańczająca. Najchętniej wskoczyłby teraz do wanny, biorąc ze sobą kilka komiksów… ale z pomysłami mamy nie należało dyskutować, szczególnie z tymi, które dotyczyły wychowania.

– Na balkonie też! – zawołała mama, przekrzykując ryk silnika.

Kątnik domowy. Zauważył go od razu. Ten gatunek lubił bliskość ludzi. Oczywiście nie przepadał za blokami, wolał wieś i małe domki letniskowe, ale w blokach też się czasem pojawiał.

Ten był wyjątkowo ładny. Jego pajęczyna też była wyjątkowo ładna, bez najmniejszego błędu. Idealna – misterna, symetryczna, rzeczywiście niezwykła. Łukasz znał się na tym, bo pająki pasjonowały go od lat. Wodził po niej wzrokiem, szukając miejsca, gdzie pająk źle wykonał swoją pracę, ale takiego miejsca nie było. Wolno, żeby tylko nie stuknąć rurą, odłożył odkurzacz na podłogę i pognał po aparat fotograficzny.

Łukasz – fascynacja pająkami

– Co się stało?

– Mamy ładną pajęczynę kątnika na balkonie – odparł, a mama tylko ze zrozumieniem kiwnęła głową i wróciła do układania sztućców w szufladzie.

Łukasz zrobił jedenaście zdjęć. Dwa wyszły wspaniale i tylko te dwa zostawił. Resztę skasował. Na jednym pajęczyna wyglądała jak suszące się na plaży rybackie sieci. Odłożył aparat na swoje biurko, zamierzając później wkleić te dwa najlepsze do swojego fotobloga, i wrócił do odkurzania.

Łukasz – fascynacja fotografią

Oczywiście pajęczyny nie ruszył. Nie miał zwyczaju niszczyć cudzego mienia.

*

– Anka?!

– Beata?!

– Anka, to ty?!

– Beata? Niemożliwe!

– Co ty tutaj robisz?

– Mieszkam! A ty?

– Ja też tu mieszkam! Od dwóch dni, właśnie się przeprowadziliśmy.

– Coś takiego! W którym bloku?

– W tamtym. A ty?

– W tym. Przeprowadziliście się?

Przypadkowe spotkanie mamy Oli z mamą Łukasza

– Tak. To mój syn Łukasz.

– A to moja Ola. Coś takiego! Opowiadaj, co robisz, gdzie pracujesz. Dokąd jedziecie? Bo my na wystawę kotów do Pałacu. Pasuje nam 511, a wam?

– My też na wystawę! O, patrzcie! Jedzie 511.

Łukasz dał się mamie wziąć za rękę i wsiedli do autobusu. Jechanie na wystawę kotów wydawało mu się okropnym pomysłem, bo co ciekawego może być w kotach beznadziejnie rasowych i na dodatek upchniętych w klatkach? Samo chodzenie z mamą po tak nudnej wystawie było prawie nie do zniesienia, a teraz jeszcze jakaś tam Ania, i to z chuderlawą, skrzywioną córką, która cały czas nie wiadomo dlaczego kopała coś lub machała nogą. Popołudnie zapowiadało się koszmarnie. Jedyna pociecha, że wziął aparat i może zrobi jakieś fajne zdjęcie.

Ola – oczami Łukasza

Autobus na osiedlu Dąbrówka Wiślana zaczyna dopiero trasę i jest prawie pusty. Mamy od razu zajęły dwa miejsca obok siebie i zaczęły opowiadać sobie wszystko, co zdarzyło się przez dwadzieścia lat, czyli od czasu, gdy razem chodziły do liceum.

Łukasz wybrał pojedyncze miejsce i odwrócił twarz do szyby. Nie miał zamiaru rozmawiać z tą naburmuszoną dziewczyną, która na kolanie miała strupa tak wystającego, jakby usiadł jej na nodze wielki, ciemny żuk. Zresztą ona też się do niego nie odezwała. Stanęła w przegubie autobusu i z uporem wpatrywała się w przestrzeń. Łukasz zerknął na nią kilka razy. Wyglądała, jakby się na kogoś albo na coś obraziła. Policzki wydęła całkiem jak chomik.

Dojechali do pętli przy placu Wilsona i przeszli do metra.

– Wiesz, że będziecie chodzić do jednej klasy? – powiedziała mama do Łukasza z takim uśmiechem, jakby to była najradośniejsza wiadomość na świecie. – No, porozmawiajcie ze sobą…

Ola i Łukasz jednocześnie zacisnęli zęby, westchnęli i odwrócili od siebie wzrok. Mamy na pewno tego nie widziały, bo obie śmiały się do rozpuku, wspominając coś zupełnie nieśmiesznego, jak jakaś tam Lilka Bączek weszła w kałużę.

W metrze siedzieli obok siebie, ale i tak nie zamienili ze sobą ani jednego słowa. Obie mamy usiłowały kilka razy zmusić ich do konwersacji, ale oboje na głupie pytania w stylu „jak było na wakacjach" odpowiadali półsłówkami. Tak dojechali do stacji Centrum.

Na wystawie Łukasz cały czas się denerwował. Po pierwsze – przy każdej klatce ta dziewczyna stała pół godziny albo i dłużej, piejąc z zachwytu nad każdym, dosłownie każdym, nawet najbardziej zdeformowanym hodowlą kotem. Po drugie – jego mama dokładnie i ze wszyst-

Wspólne zwiedzanie wystawy kotów

kimi szczegółami opowiedziała tej obcej pani historię wizyt Łukasza u ortodonty, nie pomijając nawet tego, że konieczne było wyrwanie górnych piątek i że Łukasz kopnął w stolik z przyrządami. O tym, że kopnął niechcący, bo go bardzo zabolało i podskoczył, mama już nie wspomniała, więc ta pani Ania uśmiechnęła się do niego i… pogłaskała go po głowie, co było koszmarem ostatecznym.

Ogólnie całe to popołudnie było dla Łukasza istną męczarnią. Jedynym jasnym punktem było zrobienie fajnego zdjęcia kociej łapy, która wystawała poza pręty klatki, sięga-

Łukasz – fascynacja fotografią

jąc po sztuczną futrzastą mysz.

ROZDZIAŁ III

Ola

– I jak tam wystawa? Były jakieś fajne rasy? Mam czego żałować? Warto było jechać? – zza drzwi łazienki krzyknęła Basia.

– I tak, i nie – odkrzyknęła jej Ola, bez rozsznurowywania ściągając buty i rzucając je niedbale. – Koty super, jak zawsze, ale mama spotkała koleżankę. – Ostatnie słowo powiedziała z naciskiem.

– Jasne – ze zrozumieniem odparła siostra.

Ona też nie przepadała za spotykaniem znajomych mamy. Takie spotkanie psuło całe wyjście. Mama nie zajmowała się już córkami, tylko tą koleżanką i jeszcze trzeba było udawać, że nic ma się o to pretensji i że się jest grzecznym dzieckiem, żeby mama potem nie robiła wyrzutów: „Mogłaś się postarać, co ona sobie o tobie pomyślała, nie musisz być takim mrukiem, my możemy zawsze pogadać, a ją widuję tak rzadko".

– Były jakieś fajne rasy? – znów wykrzyknęła Basia.

– Były, ale nie pamiętam jakie. A jedne kociaki, takie bladobeżowe syjamy, były piękne. – Ola uśmiechnęła się na wspomnienie słodkich kocich mordek. – No, mówię ci, oczka miały takie zaspane, słodziutkie. Jeden hodowca miał aż dziesięć, tak dużo było w miocie...

– Dziewczynki, może na jutro zrobić chłodnik? – zapytała mama dokładnie w momencie, gdy Basia z turbanem na głowie wyszła łazienki.

– A ty co?

– Wychodzę. Umówiłam się z Pawłem. Nie rób chłodnika, bo on nie lubi.

– Racja, zapomniałam.

– Ale ja lubię! – niemal krzyknęła Ola.

– Nie będę gotować dla każdego oddzielnie. Dobrze, zrobię indyka curry.

„No tak, jasne. Jeśli Paweł czegoś nie lubi, nie mam szans tego zjeść. Nie rozumiem, dlaczego on jest ważniejszy ode mnie". Ola myła ręce, wściekła na mamę, na Pawła, na siostrę, na wszystkich...

– ...przeprowadzili, rozumiesz? Tamto zostanie dla niego... powiedzieli mu... ma nerwicę, źle się rozwija, nie można go dodatkowo... od dwóch lat... nie wiem, czy to słuszne... z naszą Olką... będą razem...

– O czym rozmawiacie?

Ola z mokrymi dłońmi pognała do kuchni. Mama i siostra na jej widok odskoczyły od siebie i z miejsca, jak na komendę, mama wzięła do ręki deskę do krojenia, a Basia wyjęła sok pomidorowy. A potem mama i Basia spojrzały na siebie znacząco i mama szybko odpowiedziała:

> Ola – zaciekawienie sprawami dorosłych

– O niczym. Ile zjesz kromek?

– Ale słyszałam, że coś tam „z Olką"? I wcześniej o nerwicy. Kto ma nerwicę? – Oli nie dawało się łatwo zbyć.

– Mówię tylko Basi, że syn Beaty będzie z tobą w jednej klasie.

– Ale słyszałam coś, że od dwóch lat... – nie ustępowała Ola.

– Mąż Beaty jest lekarzem. Od dwóch lat pracuje w Libanie. Musi sobie sama z synem radzić.

Mama westchnęła i być może Ola zakończyłaby śledztwo i zapomniała o całej tej sprawie, gdyby mama z Basią znów nie wymieniły dziwnych spojrzeń.

– O co chodzi? Wy czegoś mi nie mówicie. Mamo!

– Nie mogę ci powiedzieć, bo rozgadasz, a jego mama nie chce, żeby wiedział... – odparła mama,

> Mama Oli – ukrywa przed Olą niektóre sprawy

stawiając na stole twarożek, który ładnie przystroiła, jak to ona tylko umiała, posiekanym szczypiorkiem i kwiatuszkami z rzodkiewek.

– Nic nie rozgadam! No powiedz! Błagam!

Mama i Basia znów na siebie spojrzały i w końcu Basia się odezwała:

– Nic nadzwyczajnego. Ten jego ojciec miał wrócić z kontraktu w tym roku, a nie wróci, bo przedłużyli mu jeszcze na pięć lat. I kropka.

– Widzisz, nic ciekawego – zakończyła mama.

– To dlaczego to tajemnica? – spytała Ola, ze smakiem chrupiąc rzodkiewkę.

– Bo Łukasz nic o tym nie wie.

– To dlaczego jego mama mu nie powie?

– Nie wiem dlaczego – zdenerwowała się mama. – Wiesz co, zacznij wreszcie jeść – dodała, chociaż Ola jadła już drugą rzodkiewkę. – Aha, i Łukaszowi ani słowa, rozumiesz? Ty nic nie wiesz.

Ola – niechęć do Łukasza

Ola – używa błędnych form językowych

– Nie mam zamiaru w ogóle z nim rozmawiać. Mruk jakiś. Beznadziejny jak wszyscy chłopacy.

– Chłopcy! Dziecko, czy ty się kiedyś nauczysz mówić?

Ola sięgnęła po chleb. Na krótką chwilę zastygła z ręką zawieszoną nad koszykiem z pieczywem, zastanawiając się, na ile kromek jest głodna. Uznała, że jest porządnie głodna, i wzięła trzy. Posmarowała twarożkiem, posypała szczypiorkiem i zaczęła jeść, przegryzając rzodkiewkami, a gdy mama dołożyła jeszcze ogórki i kalarepę, Ola jadła wszystko naraz, bo uwielbiała warzywa.

– Beata pytała, czy znam dobrą szkołę językową w pobliżu. Poleciłam jej twoją.

– On chyba nie będzie ze mną chodził? Ja nie chcę! Nie lubię z kimś znajomym… Mamo, dlaczego nic nie mówisz?

– Oj, będzie. On… jest nieśmiały, wiesz? Trzeba mu pomóc.

Mama Oli – oczekuje od Oli, że będzie pomagać Łukaszowi

– Dlaczego ja mam mu pomagać? Niech ktoś inny mu pomaga. Miliardy ludzi na świecie i akurat ja mam mu pomagać?

– Bo to moja koleżanka ze szkoły. Ma zarezerwować dla was basen. W czwartki, tak jak w zeszłym roku.

– Co? Mam z nim chodzić też na basen?

– Tak, bo będzie wygodniej. Raz ja was będę wozić, raz Beata.

– Mamo! Nie chcę z kimś znajomym. Potem się ze mnie śmieją, że ruszam się jak motorówka. Mamo, ja nie chcę!

– Uspokój się. Uważaj, prawie wylałaś herbatę. O co ci chodzi? Co z ciebie za dzikus! Nie możesz z kolegą z klasy chodzić na basen albo na angielski? Co się z tobą dzieje?

– Może jeszcze mam z nim chodzić na tańce? – fuknęła Ola.

Nie sądziła, że mama jej odpowie, a jednak…

– Właśnie, tańce! – mama aż klasnęła w dłonie. – Umówiłam się o ósmej przed apteką. Pokażemy im trochę osiedle. Może nad Wisłę pójdziemy. Chcę też zobaczyć, w które dni są w tym roku tańce w kręgu. Chyba się z Beatą zapiszemy.

– Dzisiaj? Padam…

– Nie przesadzaj. Weź rower, jak chcesz. Zobacz, jaki piękny wieczór. Łukasz robi zdjęcia, weźmie aparat, może cię nauczyć.

– Nie potrzebuję – burknęła Ola i ostentacyjnie odchyliła się na krześle, splotła ręce na piersiach i ze złością rzuciła na talerz niedojedzoną kanapkę.

Miała dość swojej mamy i jej cudownych pomysłów pomagania całemu światu.

*

Pod koniec sierpnia o godzinie dziewiętnastej, po pięknym upalnym dniu, nad Wisłą w Warszawie jest masa ludzi. Spacerują z psami, czasem ktoś z kotem na smyczy, z dziećmi, są zakochani, samotni, sapiący i spoceni sportowcy, sporo osób na rowerach i zwykli spacerowicze. Na wale przeciwpowodziowym wytyczono szeroką ścieżkę, ale i tak trzeba cały czas uważać, żeby kogoś nie potrącić, bo taki tu ruch.

> Miejsce akcji – warszawska dzielnica Białołęka

Widać tu, jak słońce zachodzi za Wisłą, i zawsze kilka osób stoi i fotografuje zachód słońca lub siebie na tym tle. Ptaki uwijają się nad wodą, kaczki i łabędzie szaleją, walcząc o chleb, który przynoszą im mieszkańcy Białołęki. Ola zawsze lubiła tę nadwiślańską wieczorną atmosferę cichego rozgardiaszu, ale teraz mama szła pod rękę z tą panią Beatą, do której Ola miała już mówić „ciociu", i cały czas szeptały coś

> Wspólny spacer brzegiem Wisły

do siebie. Dwa razy Oli się nawet wydawało, że ciocia Beata jakby się popłakała, bo ukradkiem wycierała oczy, ale może tylko jej się zdawało. Niby dlaczego miałaby płakać? A może tak jej przykro, że jeszcze pięć lat będzie w Polsce sama?

Ola cieszyła się, że wzięła rower. Dzięki temu mogła się oddalać od ciągle trajkoczących mam i tego milczącego głupka. Z drugiej strony żałowała, że wzięła rower, bo za każdym razem, gdy się trochę oddaliła, obie mamy zaraz brały się pod ręce i coś szeptały, a Ola lubiła wiedzieć, o czym rozmawiają dorośli, bo to się zawsze w życiu przydawało.

> Ola – zaciekawienie sprawami dorosłych

Spacerowali już około godziny, gdy Ola, przejeżdżając koło mam, usłyszała dwa słowa: „straszne problemy". Od razu zahamowała i zeszła z roweru.

– Co się stało, Oleńko?

– Nogi mnie bolą.

– Nie przesadzaj…

– Wcale nie przesadzam. Zobacz, jak mnie bolą.

– Nic nie widzę. Wskakuj na rower i zmykaj.

„Oczywiście. Wy będziecie sobie rozmawiać o czymś bardzo ciekawym, a ja mam zmykać. Niedoczekanie" – pomyślała Ola i zaczęła prowadzić rower tuż za nimi.

W tym momencie Łukasz, który leżał w trawie i robił te swoje zdjęcia, podniósł się. Ola poczekała, aż wyjdzie z chaszczy. Nie przepadała za ocienionymi miejscami wśród krzaków, bo można tam było się natknąć na jakieś żywe obrzydlistwa.

– Łukasz, chcesz się przejechać? – spytała, kiedy się zbliżył. – Twoja mama powiedziała, żebym ci się dała przejechać. – Chciała jak najszybciej załatwić sprawę i wrócić do mam, zanim skończą omawiać „straszne problemy".

– Moja mama tak powiedziała? – zdziwił się Łukasz.

– Tak. Jedziesz? – Ola, już trochę zniecierpliwiona, zrobiła kilka kroków w jego stronę i ustawiła kierownicę tak, że wystarczyło sięgnąć.

Ale Łukasz nie sięgnął. Zacisnął usta, spojrzał na swój aparat fotograficzny, jakby chciał się zamachnąć i wrzucić go do wody, i zrobił się czerwony jak burak. Ola wiele razy widziała, jak ktoś się rumieni, ale żeby aż tak?

– Co tak patrzysz? Rower cię nie ugryzie – rzuciła ironicznie, sama nie wiedząc, dlaczego jest taka nieprzyjemna. Normalnie nigdy taka nie była i teraz poczuła się zaskoczona swoim zachowaniem.

Nagle sprawy zaczęły dziać się bardzo szybko. Łukasz kopnął koło roweru Oli, odskoczył i krzyknął:

Łukasz – złość spowodowana nieumiejętnością jazdy na rowerze

– Nienawidzę cię!

A potem puścił się pędem przed siebie. Wpadł w gęste krzaki nad samą wodą i zniknął wszystkim z oczu.

Kilku spacerowiczów patrzyło za nim i na zdziwione mamy. Mama Łukasza zaczęła biec w stronę krzaków, a mama Oli podeszła do córki.

– Co się stało?

– Nic.

– Jak to nic?! Widziałam, że kopnął rower. Co mu zrobiłaś?

– Nic mu nie zrobiłam! To jakiś chory człowiek! Nienormalny bachor!

– Co mu powiedziałaś? Wygadałaś o jego ojcu, tak? No pięknie! Byłam pewna, że mu wypaplesz.

– Nic mu nie powiedziałam! – krzyknęła Ola, która do tej pory nie miała zwyczaju krzyczeć na mamę na środku wału przeciwpowodziowego. – Nic! Nie lubię go, bo jest głupi!

– Będziesz musiała go polubić – rzuciła ostro mama i odwróciła się do Oli plecami.

Drobnymi, szybkimi kroczkami zbiegła z wału i skierowała się w miejsce, gdzie w zaroślach zniknęli Łukasz i jego mama. Ola – wściekła, zła, smutna, czując się skrzywdzona i niekochana patrzyła na krzaki, z których po chwili wyszedł Łukasz. Głowę miał zwieszoną, a obie mamy szły obok, na wyścigi go pocieszając. Ola odwróciła się bez słowa, wsiadła na rower i pojechała w stronę domu.

Wracając, myślała tylko o jednym: że już nigdy, przenigdy nie odezwie się do tego mruka, żeby nawet miała umrzeć.

> Ola – żal do mamy
>
> Ucieczka Oli ze wspólnego spaceru
>
> Ola – złość na Łukasza

*

– Jak to sama wróciłaś? Znad Wisły? Nic nie powiedziałaś mamie? Bez roweru? Jak to rzuciłaś go nad wodą? Ola, zwariowałaś? Wiesz, co sobie mama mogła pomyśleć? Dawaj komórkę! Przecież mama tam wariuje! Zobaczysz, zabije cię. Najpierw ja cię zabiję, a potem ona.... Mamo, to ja. Jest w domu… cała… nic jej się nie stało… nie, nie jest mokra. Na pewno się nie topiła… Masz, mama chce usłyszeć twój głos. – Basia podała Oli telefon komórkowy.

– Halo? – cichym, słodkim i płaczliwym głosikiem odezwała się Ola. Trochę się bała, co mama jej powie.

– Oleńko, kochanie? Jak to dobrze, że nic ci się nie stało. Już wracam. Kochanie moje! Już idę!

Ola pomyślała, że mama już dawno nie była dla niej taka słodka. Ostatnio tylko ciągle wydawała jej polecenia: „Zadzwoń do babci, bo się nudzi! Wynieś śmieci! Zamieć na balkonie! Postaw porządnie rower!". Ta ucieczka ze wspólnego spaceru miała swoje dobre strony.

Drzwi otworzyły się z impetem. Na progu stała mama. Nie ruszała się, nie wchodziła do mieszkania. Obiema rękami trzymała się futryny, jakby chciała się od niej odepchnąć przy starcie. I wyglądała... bardzo niecodziennie. Oczy jej błyszczały tak, że zdawało się, jakby oświetlały przedpokój. Włosy miała potargane, szyję w wielkich czerwonych plamach, do nogawek spodni przyczepiło jej się kilka rzepów. Stała tak bez słowa. Dopiero po chwili się ocknęła.

– Basiu, weź rower, zostawiłam go na korytarzu – powiedziała wolno i spokojnie. Baśka zerwała się natychmiast i zaraz wprowadziła rower, a mama nadal stała w drzwiach. – Wiesz co, Ola? Za to, co zrobiłaś, za moje nerwy, za to, że już cię widziałam na dnie Wisły...

– Mamo, nie denerwuj się. Ona jest jeszcze mała i głupia. Napijesz się herbaty? Najpierw się napij, a potem zrobisz jej awanturę.

– Daj mi szklankę wody i nie broń Oli. Muszę jej teraz zrobić awanturę, bo potem mi przejdzie – szczerze wyznała mama. – Nie wolno ci na krok wyjść z domu – zwróciła się do Oli. – Będziesz siedzieć i się uczyć aż do początku roku, a potem... potem natychmiast po szkole do domu. Już ja się do ciebie wezmę. Zejdź mi z oczu.

| Mama Oli – złość na Olę |

– Mamo, przepraszam! No, przepraszam! – krzyknęła Ola i chciała się mamie rzucić na szyję, ale mama poszła do łazienki.

Siostry zostały same. Basia z politowaniem spojrzała na młodszą siostrę.

– Trzeba nie mieć za grosz wyobraźni. Nad Wisłą, nad samym brzegiem, zostawić rower? Jasne, porycz się teraz. Trzeba było wcześniej myśleć. Jesteś kompletnie... kompletnie... jesteś kompletnie...

Ola już nie słuchała. Wpadła do swojego pokoju i rzuciła się na łóżko, aż drewniany stelaż jęknął niezadowolony z takiego traktowania. Naciągnęła koc na głowę i rozszlochała się na dobre.

*

Obudziła ją rozmowa, a raczej szept. Gdyby mama mówiła normalnym głosem, być może Ola spałaby nadal, ale szept zawsze zwraca uwagę i Ola zaraz zastrzygła uszami. Mama rozmawiała z kimś przez telefon.

– ...a więc to dlatego... no tak, to poważny problem, ale naprawdę nie można go nauczyć? Jasne... Śpi teraz. Zabroniłam jej wychodzić z domu. Nic nie szkodzi. Łukasz przyjdzie do nas.... Basia chętnie się nimi zajmie... nie musisz mieć skrupułów... wiem, jak to jest... już się pozbierałam... jasne... a wiesz, że dobrze? Co prawda odkąd przeszła na emeryturę, czyli od pół roku, mam z nią same problemy. Gorzej niż z dziećmi... a jednak. Wiecznie czegoś chce. Zakupy, lekarz, książki jej wymień, jeżdżę do niej co drugi dzień... a skąd! Nie znasz mojej matki... nie żebym narzekała. Kocham ją, ale...

> Mama Oli – o kłopotach z babcią

Ola nie lubiła, gdy mama opowiadała ludziom, jakie ma z babcią kłopoty. Zdaniem Oli to nie były żadne kłopoty. Po prostu babcia czasem o coś tam prosiła, a mama robiła z tego wielką sprawę.

Mama odłożyła słuchawkę. Ola odruchowo zamknęła oczy i zaczęła równo oddychać. Nie pomyliła się, mama zaraz do niej weszła. Ola poczuła, jak mama siada na brzegu łóżka, jak wzdycha, poprawia koc, a potem delikatnie głaszcze ją po włosach. Ola nie otworzyła jednak oczu, co było bardzo trudne, ale teraz uważała, że mamie należy się kara za to, że nie dała się od razu przeprosić i że zabroniła jej wychodzić z domu. Tego Ola nie mogła tak szybko darować.

Siedzenie w domu to była najgorsza z możliwych kar.

*

Tego dnia zdarzyły się jeszcze tylko dwie ciekawe rzeczy. Po pierwsze – zadzwoniła domofonem Marcela. Ola wiedziała, że to ona, bo Marcela darła się tak, że było słychać na całe mieszkanie.

– Jest Olka?

– Jest, ale już śpi.

– A jutro może do mnie przyjść? Mojej sąsiadce urodziły się pieski. Cztery.

– Nie, Marcysiu, nie będzie mogła – cierpliwie odparła mama.

– A dlaczego?

– Bo ma karę.

– Karę? Olka ma karę! A co zrobiła?

Ola zamarła, czekając, aż mama zacznie opowiadać o wszystkim tej plotkarze.

– Nie chcę teraz o tym mówić. Do widzenia, Marcysiu.

– To do widzenia. Czyli ma karę! Cztery szczeniaki, proszę panią. Szybko rosną, więc trzeba szybko

> Marcela – zainteresowanie szczeniętami

oglądać. Są cztery, cztery się urodziły – dodała jeszcze Marcela nie wiadomo po co i wyłączyła się.

Jasne było, że jutro całe podwórko będzie wiedzieć, że Ola ma karę, bo na pewno zrobiła coś strasznego. Coś tak strasznego, że jej mama nie chce nawet o tym mówić.

Ola stwierdziła, że mama zachowała się bardzo w porządku, nie wyjaśniając, o co chodzi. Mogła się na Oli zemścić, jednak mimo że była zdenerwowana, nie wydała jej. Z drugiej strony Ola poczuła ukłucie żalu, że mama nie poprawiła tego „proszę panią". Jej na pewno zwróciłaby uwagę. Robiła to zawsze i wszędzie i to było okropne. A Marceli nie poprawiła… I przez jedną maleńką chwilę Ola pomyślała, że mama może woli Marcelę niż ją, bo jej bezustannie sprawia przykrość tymi ciągłymi uwagami.

Po drugie – mama powiesiła na klamce drzwi pokoju Oli przygotowane galowe ubranie. Gdyby tak zrobiła przed awanturą, Ola na pewno by się zdenerwowała, że znów ktoś przypomina jej o tej nieszczęsnej szkole. Teraz jednak wzruszyła się, że mama mimo wszystko ją kocha. Przecież gdyby jej nie kochała, to czy wyprasowałaby tak starannie Oli bluzkę, a potem tak delikatnie powiesiła ją na ramiączku? Czy wygładzałaby ją kilka razy i wolniutko, jeden po drugim, zapinała guziczki, żeby bluzka się dobrze ułożyła? Na pewno nie.

Ola – żal do mamy

ROZDZIAŁ IV

Łukasz

Obudziło go słońce. Kilka minut po szóstej świeciło prosto w jego oczy, jakby w niego celowało. W starym mieszkaniu miał pokój od zachodu. Każdego wieczora robiło się kolorowo, jakby ktoś wstawił w okno szybę z cienkiej skórki pomarańczowej. A tu? Ostre, jaskrawe słońce budziło go co rano, jakby ono też chciało mu pokazać, że to mieszkanie jest okropne. Jak można polubić to miejsce? Nawet słońce było tu złośliwe.

Skoro się już obudził, to wstanie. Przeciągnął się, podrapał po głowie, poprawił spodnie od piżamy, włączył komputer, wyjął z aparatu kartę pamięci i wsunął do komputera, żeby skopiować zdjęcia. Zaczął je przeglądać. Większość wykasował. Ostatnio tatuś mu poradził, żeby od razu porządkować zdjęcia; najlepiej z dwudziestu wybrać tylko jedno, a potem znów jedno na pięć. Wtedy zachowa na dysku tylko te dobre i nie będzie miał bałaganu. Łukasz trzymał się tej zasady. W ogóle trzymał się zasad, które podpowiadał mu tatuś. Tatuś był bardzo mądry i fajny i nigdy się nie czepiał. Łukasz nie umiałby sobie przypomnieć, kiedy tatuś ostatnio kazał mu ćwiczyć stopy, założyć aparat, pościelić łóżko albo zjeść do końca surówkę. Nie przeszkadzały mu zapiaszczone buty w przedpokoju ani nieodkurzony balkon i oczywiście nigdy nikomu nie opowiadał, jaki Łukasz jest okropny, w jakim jest trudnym wieku albo jakie są z nim kłopoty. Nigdy. Od tego była mama. Na przykład wczoraj… Pewnie myślała, że Łukasz nie słyszy, jak mówiła mamie tej wrednej, złośliwej dziewczynki, że on nie umie jeździć na rowerze. I to jeszcze jak się nad tym rozwodziła! A po co komuś o tym mówić? No po co? Czy to jest aż takie ważne? Ani słowem nie wspomniała, jakie ładne zdjęcie pajęczyny zrobił, za to o rowerze opowiedziała z najbardziej przykrymi szczegółami. Teraz ta cała Ola rozgada wszystkim i znów, jak w starej szkole, będą się z niego śmiać. Zresztą mają rację, że się śmieją, bo jak można nie umieć jeździć na rowerze? Dwulatki to potrafią!

> Łukasz – o tacie

> Łukasz – wyśmiewany przez rówieśników

Łukasz nagle poczuł taką złość na siebie, że jednym kliknięciem wykasował wszystkie zdjęcia z wczorajszej wycieczki.

Łukasz – złość spowodowana nieumiejętnością jazdy na rowerze

Program zapytał go, czy na pewno chce te pliki usunąć, a on twardo potwierdził. Nie miał ochoty na żadne wspomnienia z tego spaceru, chociaż w krzakach zobaczył fajnego osnuwika. Trudno. Były tam też zdjęcia tej dziewuchy, a ich nie chciał na pewno. Zresztą będzie jeszcze sto okazji... Nie! Nie będzie! Łukasz nie zamierzał już nigdy więc dać się namówić na jakiekolwiek spotkania z tą dziewczyną ani z jej mamą. A jeśli kiedyś przypadkowo ją spotka, po prostu uda, że jej nie zna. Tak będzie najlepiej.

– Łukaszku, nie śpisz? Wypiłeś multiwitaminę? Znów zapomniałeś? Przecież wiesz, jakie to ważne w okresie wzrostu. Co ja z tobą mam, dziecko. Jak pięknie słońce zagląda ci do pokoju. Tu jest dużo milej i jaśniej niż tam na Karolkowej, prawda? Dobrze, że wstałeś. Miałam ci napisać kartkę, ale wolę porozmawiać.

Łukasz – niechęć do Oli

No to pięknie. Mama chce porozmawiać, czyli ta dziewucha wygadała jej, że zgubił klucze, i na pewno się pochwaliła, że to ona je znalazła. Mógł się tego po niej spodziewać. Tak wstrętnej dziewczyny nie spotkał ani w przedszkolu, ani w starej szkole, ani nigdzie indziej.

– Zrobić ci kakao, kochanie?

Oho, kakao. Na pewno czegoś od niego chce. Ciekawe czego.

– Możesz... – burknął, żeby jej nie ułatwiać sprawy.

Był zły na mamę za wczoraj, za przeprowadzkę i za to, że tuż przed ich wyjściem dzwonił tatuś, a ona nie zawołała go z podwórka. Wciąż jej tego nie mógł darować.

– Jak ci się spało?

– Okropnie.

– Posłodzić ci? – mama w ogóle nie była zainteresowana jego odpowiedzią.

– Sam posłodzę.

– Łukaszku, chcę kupić trochę drobiazgów do domu.

– Mogę zostać sam.

– Ale ja chcę jeszcze potem wpaść do pracy, bo muszę wziąć zaświadczenie i mam jedną sprawę w sądzie...

– To wezmę klucze.

– Ale ja wrócę późno. Może nawet wieczorem. Za mały jeszcze jesteś, żebyś zostawał sam tak długo... Kochanie, ta ciocia Ania, mama Oleńki... Pójdziesz do nich, dobrze? Pobawicie się.

Konieczność spędzania przez Łukasza wolnego czasu u Oli

„Pobawicie się?!".

Łukasz podniósł wzrok, żeby sprawdzić, czy mama żartuje. Niestety, mówiła poważnie. „Pobawicie się" było na serio. Łukasz niemal się załamał. On ma iść do nich do domu? Czy to możliwe, że mama aż tak nic nie rozumie? Łukaszowi zakręciły się łzy w oczach, więc żeby mama nie zauważyła tego i znów nie zaczęła narzekać, że jest dziecinny, szybko zmienił temat.

Łukasz – mama nie rozumie jego problemów

– Kiedy tatuś zadzwoni?

– Wczoraj dzwonił. Ciągle dzwoni. Przestań mnie męczyć, kiedy i kiedy. Jego o to pytaj – mruknęła ze złością mama i zaraz dodała zupełnie innym, słodziutkim tonem: – Spakowałam ci plecaczek, zresztą cię odprowadzę. Bądź gotowy, wychodzimy o dziewiątej. I przestań robić takie miny. Ja czasem też muszę coś załatwić.

– Ja nie chcę tam iść. Nie pójdę.

– Nie masz wyjścia.

– Nie zmusisz mnie! Ja chcę do taty! Kiedy tatuś zadzwoni? – rozpłakał się Łukasz, a jego mama z furią wyjęła z lodówki masło i żółty ser.

– Dzwonił wczoraj – warknęła.

– Kiedy znów zadzwoni? Kiedy tatuś do mnie wróci?

– Sam go o to zapytaj – powtórzyła mama.

– Ale co mówił? Kiedy przyjedzie?

– Kiedy przyjedzie? – mama raptownie odwróciła się do niego. – Wiesz, kiedy przyjedzie? Za dziesięć dni. Zobaczysz swojego kochanego tatusia. Przyjeżdża do Polski. Cieszysz się? Ja szaleję z radości.

Łukasz oniemiał. Taka wiadomość, a mama mówi to z taką złością. Pewnie jest nie w humorze, że on nie chce zostać u tej Olki. Zresztą mama jest zawsze zła, gdy musi coś załatwić w starej pracy. Nie ma się czym przejmować, to normalne. Ale fajnie! Skoro tak, to nawet może iść do domu tej wrednej dziewuchy. Przecież nie musi się do niej odzywać. Tylko dziesięć dni! Tydzień z maleńkim haczykiem!

*

Łukasz spojrzał na zegarek. Czas szybko mu mijał. Wciąż myślał o tym, że pokaże tacie zdjęcia, że będą je razem oglądać, że na pewno wybiorą się na wycieczkę i jak zawsze będą wspinać się na drzewa, żeby zrobić zdjęcia z lotu ptaka, albo kłaść się na ziemi, żeby robić zdjęcia z punku widzenia jaszczurki. Nareszcie będzie fajnie! Może pojadą gdzieś na dwa, trzy dni i Łukaszowi nikt nie będzie skrzeczał nad uchem, żeby ćwiczył stopy, pił multiwitaminę, zjadł do końca surówkę. Tatuś był inny. Był fajny. Był kochany.

| Łukasz – o tacie |

Ta dziewczyna nawet mu nie przeszkadza, chociaż cały czas strasznie się miota po mieszkaniu. Na szczęście nie odzywa się do niego. Bez łaski. Ta jej siostra może być, przynajmniej nic od człowieka nie chce. Siedzi przed komputerem i się nie wtrąca, nie każe mu, jak jego mama, „pobawić się z Oleńką". Niedoczekanie.

– Baśka, wiesz, babcia dzwoniła. Zapisała się do klubu seniora. – Ola wpadła do pokoju, wrzeszcząc, jakby obwieszczała nie lada sensację.

– Co? Do jakiego klubu?

– Seniora. No, dla starych. Na malarstwo. I jeszcze na kurs komputerowy, bo był za darmo.

| Babcia Oli – chęć rozwoju |

– Na kurs komputerowy? Babcia? To są dla takich starych?

– Chyba są, skoro się zapisała. Za darmo dla emerytów.

Łukasza nie interesowała ta rozmowa. Wbił wzrok w telewizor i udawał, że ogląda *Króla Lwa*. Już sto lat temu wyrósł z tego filmu. Dziś zupełnie nie rozumiał, jak mógł płakać, gdy Mufasa umiera. Umiera, to umiera...

Do drzwi ktoś zadzwonił i po chwili wszedł do pokoju jakiś wysoki potargany chłopak.

– Co to? Narzeczony dla Olki? – zaśmiał się, a Łukasz stwierdził, że nie lubi tego chłopaka.

– Żaden narzeczony! – krzyknęła Olka. – Siedzi u nas, bo Baśka się nim opiekuje.

– U, to szkoda. A ja bym do kinka sobie skoczył, filmiczek jakiś obejrzał.

– Nie będzie kinka – burknęła Ola, ale Basia miała inny pogląd na tę sprawę.

– Wiecie co? A może byście poszli sobie na podwórko? Taka ładna pogoda…

– No, pogoda jest ładniutka – zaśmiał się dryblas.

– Mama zabroniła mi wychodzić. Mam karę – powiedziała hardo Ola. Łukasz się zdziwił. Nie bardzo rozumiał, dlaczego Olka jest zła, że jej siostra chce pójść „do kinka".

– Ale ja ci pozwalam. Zawieszam ci karę – oznajmiła tonem królowej Baśka i nawet zrobiła taki gest, jakby kogoś ułaskawiała. – Prawda, Łukaszku? W taki upał nie ma co siedzieć w domu.

– Co wy, ogórki, żeby się kisić? – zarżał dryblas, a Basia mu zawtórowała.

Łukasz zerknął na Olkę. Jej ten żart też nie rozbawił. Łukaszowi było wszystko jedno. No, może niezupełnie wszystko jedno… wolałby wyjść z tego domu, ale na pewno nie zamierzał tego okazać. Chciał, żeby myśleli, że jest ponad to, że świat zewnętrzny nic go nie obchodzi.

– Lećcie, dzieciaki, na dwór. Wszystko biorę na siebie – zdecydowała Basia. – Weźcie rowery. Łukasz, możesz jeździć na moim.

Łukasz zdrętwiał. Znów ten rower. Było tak miło, a teraz oczywiście sprawa się wyda i zacznie się to, co Łukasz znał na pamięć. Gdy tylko ktoś dowiadywał się, że Łukasz nie może się nauczyć jeździć, reakcja zawsze była taka sama: „Jak to nie może? To bzdura! Ja go nauczę!". Wtedy zaczynała się gehenna, bo Łukasz naprawdę nie był w stanie nauczyć się jeździć, więc ten ktoś złościł się na niego – że miał tyle dobrych chęci, a Łukasz jest taki niepojętny.

Nic dziwnego, że na sam dźwięk słowa „rower" od razu drętwiał. Ta Olka jakby na niego zerknęła, ale może tylko mu się wydawało, w każdym razie zaprotestowała:

> Łukasz – kompleks z powodu niemożności nauczenia się jazdy na rowerze

– Rowery? W taki upał? Chcecie z nas zrobić grzanki? Ja na pewno swojego nie biorę. A ty jak chcesz.

> Ola – pomaga Łukaszowi w trudnej sytuacji

– Ja też nie chcę – odparł, ale dopiero po chwili, bo aż go zamurowało, że wszystko poszło tak gładko.

Po prostu nie biorą rowerów i już. Koniec. Nie będzie nauki, upokorzeń. Nic. Co za ulga.

– No, to idźcie, na co czekacie? Macie być w domu za dwie i pół godziny. Weźcie picie!

*

– Dlaczego nie chciałaś na rower? Przecież lubisz...
– Za gorąco – powiedziała Ola.
Wskoczyła na stopień i zeskoczyła. Potem znów wskoczyła i znów zeskoczyła.
– Ale wczoraj...
– Wczoraj chciałam, a dziś nie. – Ola zaczęła teraz maszerować po krawężniku. – A gdzie jest twój tata?
– W Libanie. Jest lekarzem. Wraca za dziesięć dni – odparł Łukasz i aż się uśmiechnął.
– Za dziesięć dni? Na pewno za dziesięć dni?
– Co się tak dziwisz?
– A nie za rok?
– Dlaczego za rok?
Łukasz podejrzliwie na nią zerknął, ale Ola miała twarz bez wyrazu.
– Nie wiem dlaczego. Tak tylko sobie pomyślałam, że może za rok albo za pięć lat.
– Za pięć lat? Mój tatuś wraca do mnie za dziesięć dni.
– Skoro tak mówisz... O, jest Marcela!
– Cześć! I co? Puściła cię mama? A co takiego strasznego wczoraj zrobiłaś? To już nie masz kary? A kto to jest? O, ten od kluczy! Chcecie zobaczyć szczeniaki? Cztery. Urodziły się cztery. Każdy inny. Ty też możesz. Kolegujecie się? – zapytała Marcela i obrzuciła Olę i Łukasza uważnym spojrzeniem.
– My? Nie! – ryknęła Ola.
– My? Nie! – wrzasnął Łukasz.
Ich słowa odbiły się echem od nagrzanych słońcem murów i wszyscy, którzy byli na podwórku, spojrzeli w ich stronę.

*

Oczywiście większość bramek przepuszczał. Bardzo się starał, ale nigdy nie mógł przewidzieć, z której strony nadleci piłka. Zawsze nadlatywała z innej, niż Łukasz się spodziewał. Nie był zaskoczony, gdy chłopcy zdjęli go z bramki i kazali mu grać na skrzydle. Tu też nie spisywał się najlepiej... Właściwie ani razu nawet nie dotknął nogą piłki, ale przynajmniej nie rzucało się to w oczy tak bardzo jak wtedy, gdy stał na bramce. Skończyli mecz, kiedy Huberta, właściciela piłki, którą grali, mama zawołała na obiad.

> Łukasz – słabo gra w piłkę nożną

– A wiecie, jaki był najlepszy piłkarz w historii futbolu? – Łukasz szybko, zanim ktokolwiek skomentował jego kiepską grę, wyciągnął swojego atutowego asa.

– No, jaki?

– Pelé. A wiecie, w którym roku Polska po raz pierwszy była na mistrzostwach świata?

– No, w którym?

– W tysiąc dziewięćset trzydziestym ósmym. A wiecie, kto strzelił decydującą bramkę w słynnym meczu na Wembley?

– No?

– Domarski.

Łukasz był w swoim żywiole. Znał mnóstwo faktów z historii sportu. Zupełnie nie rozumiał, jak chłopcy mogą tego nie wiedzieć. Tyle przecież słyszy się o tym w telewizji albo gdzieś czyta. A oni nie pamiętają dat, nazwisk, nazw drużyn, wyników. Łukasz pamiętał wszystko i to właśnie był jego atutowy as.

> Łukasz – wykorzystuje swą niezwykłą pamięć

– A zbierasz karty z piłkarzami?

– Nie.

– A ja zbieram. Wiecie co? Przyniosę na początek roku, to sobie obejrzymy. Bo ty chodzisz do klasy z nami?

– Ja z tą Olką, chyba do B.

– A, to z nami. Fajnie. Opowiedz jeszcze coś o piłce...

– A wiecie, w którym roku Polska zdobyła mistrzostwo olimpijskie?

– W którym? Pewnie w tysiąc pięćset którymś – powiedział Adam.

Adam kiwał się najlepiej ze wszystkich, umiał odebrać główką i zawsze warto było jemu podać piłkę, bo zaraz strzelał bramkę. Łukasz spojrzał na niego uważnie. Jak to możliwe, żeby ktoś, kto tak świetnie gra, nie miał o niczym zielonego pojęcia? A jednak. Łukasz chętnie by się z nim zamienił. Wszystkie szóstki świata, wszystkie nagrody książkowe i wszystkie dyplomy za najlepszą średnią w szkole warto było

oddać za taką celność. Tylko że Adam na pewno by się nie zamienił.
Gdyby Łukasz tak grał w piłkę, też by się niczym nie

Łukasz – zazdrości Adamowi
świetnej gry w piłkę

przejmował. Ale najważniejsze było to, że już ich znał,
że oni znali jego i że teraz sobie po prostu gadali jak
starzy znajomi. Łukasz z przyjemnością opowiedział
o olimpiadzie w Monachium i nawet narysował patykiem na piasku,
w jakim ustawieniu grali Polacy.

*

Ola była jeszcze po drugiej stronie podwórka, gdy Łukasz ją zauważył. Szybkim, zdecydowanym krokiem, z miną obrażonej królowej, szła
w ich stronę. Od razu wiedział, o co chodzi. Trzeba było wracać. Mógł
rzucić chłopakom „cześć" i sam do niej podejść, ale zdecydował inaczej.
Niech to ona podejdzie i zobaczy, jak go wszyscy słu-

Łukasz – chce
zaimponować Oli

chają.
– Chodź, bo już minęły trzy godziny. – Olka szarp-
nęła Łukasza za ramię, na jego kolegów nawet nie pa-
trząc.
– O! Zakochana parka? A dokąd to idziecie?
– Donikąd! No chodź, głupku! – warknęła Ola.
– Pocałujcie się! – krzyknął za ich plecami jeden z chłopców.
Łukasz nawet się nie odwrócił, za to Ola zrobiła

Ola – nie boi się bić
z chłopakami

piruet jak na łyżwach i już trzymała chłopaka za ko-
szulkę. Spojrzała na niego groźnie.
– Sam się pocałuj! – syknęła i mocno złapała go
za szyję.
– No dobra, dobra.
Chłopak usiłował się wyrwać, tym bardziej, że reszta kumpli rżała
i darła się, że baba go bije.
– Następnym razem… – wysyczała Ola.
Łukasz przeraził się, co ona powie, ale Ola nachyliła się do ucha tamtego i powiedziała coś tak cicho, że nawet on chyba nie dosłyszał. Potem
puściła jego koszulkę i otrzepała ręce, jakby dotykała czegoś brudnego.
Szybkim krokiem ruszyła w stronę domu. Łukasz szedł kilka kroków
za nią. Przez jakiś czas towarzyszyły im krzyki, gwizdy i wrzaski kolegów, ale żadne z nich nie reagowało. Zatrzymali się dopiero przed furtką

na osiedle, by przepuścić jakąś panią z wózkiem, psem i zakupami. Łukasz nie miał najmniejszego zamiaru przyglądać się tej nerwowej i niebezpiecznej Olce, ale jakoś mimo woli na nią spojrzał. W jej włosach coś było. Coś bardzo małego, jakby paproch.

   – Masz coś we włosach – powiedział jakby do siebie. – O, to chyba...

   – Co? Gdzie? Matko! Weź to! Au!

   – Uważaj, bo go uszkodzisz.

   – Zabierz to! – Ola machała rękami, jakby udawała wiatrak.

   – Przestań tak machać. Mam go. Co się tak przestraszyłaś...?

Łukasz ze zdziwieniem stwierdził, że Ola, ta sama Ola, która przed chwilą rzuciła się na dwukrotnie większego od niej chłopaka, teraz stoi zdrętwiała, z przerażenia i to z powodu jednego maleńkiego kosarza.

> Ola – strach przed pająkami

   – Na pewno go już nie ma?

   – Na pewno. Mam go w ręku.

   – W ręku?! Nie brzydzisz się brać pająka do ręki? A jakby cię ugryzł?

   – Dlaczego mam się brzydzić? Pająki są czyściutkie. Wciąż się myją, jak koty. Chcesz potrzymać?

   – Nigdy w życiu! Wyrzuć go! Boże, co za obrzydliwe obrzydlistwo.

   – Wcale nie.

   – Wcale tak. Najgorsze zwierzęta świata. Powinno się je wszystkie wytruć. Zrzucić bombę chemiczną.

   – Nie gadaj bzdur. Pająki są mądre!

   – Akurat! Obrzydliwe, a nie mądre! Jak ty się nie brzydzisz?

> Łukasz – o pająkach

   – Tatuś mi pokazał... Zresztą mama też tak robi. Wiesz, pająk, jak go weźmiesz do ręki, zwija się w kulkę, bo czuje ciepło. Możesz go wtedy po prostu wyrzucić na przykład z balkonu i nic mu się nie stanie. Już w locie rozcapierzy tak nogi... – Łukasz zademonstrował rozcapierzanie nóg.

   – Przestań. Niedobrze mi. Nigdy nie mów przy mnie o pająkach. Nie chcę o nich słuchać. Też masz zainteresowania! – prychnęła pogardliwie.

– Co ci mówiła Marcela?

   – Mnie? Nic.

   – A o czym rozmawialiście?

   – O niczym. Wcale z nią nie rozmawiałem.

   – A w ogóle wiesz, która to Marcela?

Łukasz chwilę się zastanowił.

– Taka... z włosami.

– To nie ta. Zaraz ci pokażę. Mam na klasowym zdjęciu...

Łukasz miał świetną pamięć do twarzy i od razu każdego zapamiętywał, ale stwierdził, że skoro Olka chce mu pokazać klasowe zdjęcie, niech pokazuje. Będzie jak znalazł na początek roku.

Gdy tylko weszli do mieszkania, Baśka zaczęła na nich krzyczeć. Łukasz nie bardzo mógł się zorientować, o co ma pretensje, bo przecież przyszli cztery minuty przed wyznaczonym czasem. Dopiero po chwili okazało się, że mama dzwoniła do Basi i odkryła, że dzieci poszły na podwórko. Dla Łukasza było jasne, że siostra Oli musi się na kimś wyładować. Jego mama też tak zawsze

Łukasz – o dorosłych

robiła. Gdy spotkały ją jakieś nieprzyjemności, zaraz miała do niego sto pretensji o wszystko, co tylko jej się przypomniało, więc wcale się temu nie dziwił. Ola jednak się wściekała.

Pogodzili się dopiero, gdy Basia odgrzała naleśniki z serem. Nawet fajnie im się rozmawiało. Potem Ola wzięła klasowe zdjęcie i opowiadała o każdej osobie – mówiła, jak się nazywa, jak się uczy, z czego jest znana. Gdy po Łukasza przyszła mama, zostały im jeszcze cztery osoby, więc Łukasz poprosił, żeby chwilę na niego zaczekała. Zgodziła się i, co zauważył od razu, porozumiewawczo spojrzała na Basię. Potem zapytała, czy dobrze się bawili. Łukasz pomyślał, że za to porozumiewawcze spojrzenie musi ukarać mamę, i zamiast przyznać, że było bardzo fajnie, burknął:

Miło spędzony czas przez Łukasza i Olę

– Może być.

ROZDZIAŁ V

Ola

Ola nie cierpiała początku roku. Nie lubiła też innych uroczystości, kiedy trzeba było przychodzić na galowo. Marcela na galowo wygląda całkiem znośnie, nawet ładnie (jak na nią, oczywiście). A Ola wygląda głupio. Najgorsze były te ohydne białe podkolanówki, bo pod nimi okropnie swędziały ją strupy na nogach. Ale i tak dobrze, że mama nie każe jej już zawiązywać gigantycznych kokard, jak to robiła w zerówce. Przypomniała sobie, jak się ucieszyła, gdy mama troskliwie przygotowała jej to galowe ubranko, ale to było wtedy, po awanturze. Teraz, gdy miała się w nim piec i dusić w sali gimnastycznej, czuła tylko złość.

Czas zdarzeń – początek roku szkolnego

Ola – niechęć do eleganckich strojów

Wkładała kolejne eleganckie części garderoby, sama nie wiedząc, czy jest bardziej zła na niewygodne ubranie, czy na to, że obie mamy, jej i Łukasza, umówiły się, że pójdą razem.

„Łukasz nikogo tam nie zna. Nowa szkoła, stres. Co masz przeciwko niemu? To przecież taki miły chłopiec, mądry i spokojny. Pomyśl, jak ty byś się czuła na jego miejscu…" – brzęczały jej teraz w uszach słowa mamy.

Mama Oli – o Łukaszu

– To taki miły chłopiec. Bardzo miły, jak czarna wdowa. Mądry jak opona w rowerze. Spokojny, jasne. Miły, mądry i spokojny. Może jeszcze mam wziąć z nim ślub, co? – mamrotała do siebie, siedząc na łóżku.

– Jesteś gotowa? Za chwilę przyjdzie ciocia Beata – krzyknęła mama takim głosem, jakby zaraz miało się zdarzyć coś wspaniałego.

– Ciocia-śmocia – mruknęła pod nosem.

– Mówisz coś?

– Nic! Ubieram się. Dlaczego Baśka nie wstaje?

– Idzie dopiero na jedenastą.

– Na jedenastą? To dlaczego ja muszę na ósmą? Kto to wymyślił? To niesprawiedliwe. Ona zawsze ma lepiej, a powinna mieć gorzej, bo jest starsza.

– Przestań marudzić, bo ją obudzisz. Jesteś gotowa?

– Jeszcze zęby.

Gdy rozległ się dzwonek do drzwi, mama niemal w podskokach pobiegła otworzyć. Ola zerknęła na wchodzących. Ciocia Beata strasznie się wystroiła. Włożyła na siebie chyba całą biżuterię, jaką miała. Natomiast Łukasz... Ola nie mogła się pohamować i parsknęła śmiechem.

– Ale jesteś ulizany. Jak szczur.

Ola – bezpośredniość

– Oleńko, jak ty się zachowujesz? Łukaszek wygląda bardzo ładnie.

– Mogę nic nie mówić – obraziła się Ola i zobaczyła, że Łukasz, cały czerwony, usiłuje sobie potargać włosy, na co jego mama zaraz je z powrotem wygładza.

– A ty, Oleńko, wyglądasz przepięknie – powiedziała ciocia i szeroko się uśmiechnęła.

Jednak Ola wyczuła w jej tonie nutkę złośliwości.

– Właśnie. Wygląda na miłą, grzeczną dziewczynkę, prawda?

Obie mamy wpatrywały się w Olę, wręcz prześwietlały ją wzrokiem.

– Tak, całkiem odmieniona. Gdyby nie te strupy i siniaki... – zaczęła mama Oli.

– ...i gdyby się uczesała...

– ...i gdyby stała spokojnie...

– ...to wyglądałaby nawet na grzeczną, spokojną dziewczynkę. Jednak te galowe stroje mają w sobie jakąś magię, prawda? A pamiętasz nasze tarcze?

Obie mamy bawiły się w najlepsze, a Ola była wściekła.

– Muszę jeszcze umyć zęby, żeby wyglądać na grzeczną i spokojną dziewczynkę – burknęła Ola i weszła do łazienki.

Oparła się o pralkę i skrzyżowała ręce. Ileż by dała, żeby iść sama na rozpoczęcie roku szkolnego. Bez mamy i bez tego ulizanego Łukasza, który wczoraj przez kilka minut wydał jej się nawet fajny, ale teraz znów był durnym chłopaczyskiem.

„Ostatni raz mama idzie ze mną na rozpoczęcie roku. Koniec. Za rok idę sama! Jeśli Baśka może chodzić sama, to ja też mogę. Ostatni raz!"

– Oleńko, czekamy na ciebie!

– Już! – odkrzyknęła Ola.

*

W początku roku szkolnego najfajniejsze jest to, że wszyscy są niby ci sami, a jednak trochę inni, odmienieni. Niby znajomi, a ciekawsi niż na zakończeniu roku. Ola zauważyła to już po zeszłych wakacjach, a teraz, witając się kolejno ze wszystkimi, znów o tym pomyślała. Tylko Marcela i chłopcy z jej osiedla wyglądali znajomo. Reszta była jakaś dziwna.

– Oleńko, może zapoznasz Łukasza…

– Mamo, błagam cię, on już się zapoznał. Zobacz, gada z kimś.

– A ja przyszłam sama. Moja mama uważa, że w naszym wieku to już niepotrzebne zawracanie głowy – z wyższością powiedziała Marcela i zerknęła na Olę, czy na pewno to usłyszała, ale mama Oli umiała sobie z nią radzić.

– A ja uważam, Marcela, że potrzebne. Od tego jest się rodziną. Twoja mama pewnie na szóstą do pracy, tak?

– Tak, ale…

– My z Oleńką i Łukaszkiem zaraz po uroczystości idziemy na pizzę. Dlatego przyszłam.

– O! Fajnie…

Marceli zrzedła mina i Ola z uznaniem popatrzyła na swoją mamę.

| Ola – uznanie dla mamy |

– Wchodzimy do klas! Proszę o ciszę! Wychowawcy odczytają listy obecności.

Ola z ulgą zostawiła mamę i ruszyła za swoją wychowawczynią. Oczywiście słyszała jeszcze, że ma się zaopiekować Łukaszem, ale puściła to mimo uszu.

– Witajcie po wakacjach. Jak miło znów was widzieć. Bardzo urośliście, dziewczynki zrobiły się jeszcze ładniejsze, chłopcy…

Ola przestała słuchać. Zerknęła przez ramię na Łukasza, który siedział w ławce z Adamem i coś do siebie szeptali.

*

– Smakuje?

– Pyszna. Najlepsze są te papryczki, takie ostre, aż język szarpią. A wiecie, że Petrykowski będzie mieć rodzeństwo? I to bliźniaczki. Dwie siory!

– Jak ty mówisz?! Co za „siory"? Który to Petrykowski? – zainteresowała się mama Oli.

– A, taki...

– Taki z jasnymi, falującymi włosami – powiedział Łukasz.

– Właśnie. A Justyna ścięła włosy i wygląda teraz jak chłopak.

– Justyna Olszewska czy Kaczyńska? – zapytał Łukasz.

– Kaczyńska. Wiesz która?

– Wiem.

Łukasz – obdarzony
niezwykłą pamięcią

– Mój Łukaszek jak raz coś zobaczy czy usłyszy, od razu zapamiętuje – z dumą powiedziała jego mama.

– Serio? A zapamiętałeś... Marca?

– Tomasz Marzec, siedział dwie ławki przed nami.

– Nie wiem, gdzie siedział. A jak wygląda?

– Miał koszulę w paski, nie białą. Siedział z nim Wojtek Łuczniewski.

– Może.... – Ola zmieniła temat. – Na jutro mamy opisać jakiś fajny dzień z wakacji. Ale nuda.

– Ja opiszę wystawę kotów.

– Co? Ja chcę ją opisać! – zdenerwowała się Ola i cisnęła kawałek pizzy na talerz.

– Oleńko, co się z tobą dzieje?! Przecież możecie oboje napisać – powiedziała mama Oli, po czym szepnęła do mamy Łukasza: – Chyba zaczyna dojrzewać, bo naprawdę nigdy tak się nie zachowywała.

Mama Łukasza ze zrozumieniem pokiwała głową.

– Ja opiszę teriera rosyjskiego.

– Skąd wiesz, że była taka rasa?

– Pamiętam.

– Jesteś bardzo mądrym chłopcem, Łukaszku. Pewnie dużo czytasz?

– Jasne, bo ja wcale nie umiem czytać – warknęła Ola i posłała mamie mrożące krew w żyłach spojrzenie. Miała serdecznie dość tej całej pizzy, miłego Łukaszka i swojej mamy. – Mamo, ja chcę jeszcze pić. Albo nie, muszę do łazienki. – Ola z furią odsunęła krzesło.

Zabawiła w łazience bardzo długo, a gdy wróciła, mamy rozmawiały o czymś jeszcze gorszym.

– ...w czwartki. Myślę, że mogą u nas. Basia zawsze na nich zerknie...

– Co w czwartki?

Okazało się, że nie tylko będzie chodzić z tym okropnym Łukaszem na basen, ale jeszcze w czwartki mamy zapisały się na jogę i Baśka będzie ich obojga pilnować.

„Nigdy! Co czwartek z nim?! Tego tylko brakowało. Wezmę rower i pójdę sobie pojeździć. Jak chce, może też pojeździć". Aż uśmiechnęła się na tę myśl.

Ustalenie przez mamy, że dzieci będą wspólnie spędzać czwartkowe popołudnia

– Widzę, Oleńko, że humorek już w porządku. To dobrze – odezwała się mama Łukasza.

– Tak, Oleńko – dodała jej mama. – Łukaszek może ci pomóc w nauce.

– Ja się bardzo dobrze uczę!

– Jasne – powiedziała jej mama i porozumiała się z Beatą wzrokiem.

– Nie mów „jasne"! Nie znasz innych słów?!

– Co się z tobą dzieje? Zobacz, jak Łukasz… Dokąd idziesz? Ola! Co to za zachowanie?!

Ola pędziła przed siebie, nie słuchając ani mamy, ani nikogo. Czuła się zdradzona, zraniona, oszukana i… nagle jakaś gorsza… dużo gorsza niż wczoraj.

Ola – zazdrość o podziwianie inteligencji Łukasza

*

Ola z mamą, objuczone siatami z zakupami, dzwoniły do drzwi babci. Nic. Cisza.

– Jak to możliwe, że nie ma jej w domu?

– Może jest na tym kursie? Kurs szokowania wnuków… – zaśmiała się Ola.

– Nie wiem, co cię tak śmieszy, kochanie. Uspokój się! Wstawaj z posadzki, przecież tu jest brudno. Brak mi już do ciebie siły, Oleńko. Czy ty nie umiesz przez dwie sekundy postać spokojnie?

No tak, babci nie ma. Kurs komputerowy. Jeszcze za mało było kłopotów. Czy ja w ogóle mam klucze do jej mieszkania? Zawsze siedziała w domu…

Ola – ruchliwa

– Ale sama mówiłaś, że to kłopot, bo nic tylko siedzi w domu, że trzeba do niej jeździć, że masz ją cały czas na głowie.

– Uważaj, bo stłuczesz majonez. Ależ mi ręce zdrętwiały od tych zakupów. Otwieraj drzwi, Olka, i przestań kopać ścianę. No zobacz, jakie ślady zostawiłaś. Wchodź szybko.

Babci w mieszkaniu nie było, za to na stole leżała cała sterta książek i czasopism, a na samym wierzchu grube tomiszcze: *Komputer dla początkujących.*

Po chwili usłyszały, że ktoś otwiera drzwi.

– Babcia! Babcia idzie!

– Moja kruszynka kochana! Jak miło! Aniu, to dziś miałaś przyjść? Całkiem zapomniałam. Czy ty mi mówiłaś o tym?

Babcia – elegancka, w pistacjowej bluzeczce i identycznym sweterku narzuconym na ramiona – uśmiechała się od ucha do ucha. Ola już dawno jej takiej promiennej nie widziała. Objęła babcię w pasie i uściskała z całej siły.

– Ależ ty jesteś silna! Zaraz mnic podniesiesz! – roześmiała się babcia.

– Ola, uważaj, przewrócisz babcię. – Mamie ich dobry humor wcale się nie udzielił. – Mamo, gdzie byłaś?

– Na kursie. Zaraz wam wszystko opowiem.

– Zakupy ci zrobiłam.

– Dziękuję, córuniu. Co ja bym bez ciebie zrobiła. Jak zawsze troskliwa, kochająca… Dziękuję ci, dziecko… – babci nagle łzy zakręciły się w oczach. – Tyle masz zawracania głowy ze mną. Tak jestem już nieporadna, prawda?

– Daj spokój. Siadaj i mów, czego was tam uczą na tym wielkim kursie – powiedziała z przekąsem mama.

– Już mówię. Więc tak…

Ola spojrzała na mamę. Czy zwróci babci uwagę, że zdania nie zaczyna się od „więc"? Nie zwróciła i Ola oczywiście pomyślała, że mama zawsze tylko jej się czepia.

– Chodzi nas tam sześć, same kobiety. Dom kultury otrzymał fundusze na dwa kursy, a że zgłosiło się tak mało osób, to zajęcia są cztery razy w tygodniu zamiast dwóch.

– Ale mamo, po co ci to? Komputer w tym wieku? Jakieś garncarstwo, ceramika, malarstwo, uniwersytet trzeciego wieku… Czy ja wiem… Ale komputer? To dla młodych.

– Czy ty wiesz, Aneczko, ile rzeczy jest w Internecie? Ja dziś na zajęciach znalazłam wszystko o chorobie moich oczu. Dosłownie wszystko. Następnym razem to sobie wydrukuję, bo można to wydrukować, wiesz?

– Wiem. Mamo, wcale mi się to nie podoba. Tyle lat żyłaś jakoś bez komputera.

– Oczywiście, bo nie wiedziałam, co niby miałabym z nim robić. Pamiętam, jak wnuczek tej sąsiadki spod czwórki chciał sprzedać komputer, ale wtedy nawet nie pomyślałam, że ja bym mogła kupić.

– W twoim wieku? I do czego ci on potrzebny? Będziesz grać w gry komputerowe, jak małe dzieci?

Mama Oli – krytyczna wobec nowych zainteresowań babci

– A czemu nie? Ty wiesz, jakie niektóre gry są ciekawe? U nas w grupie jest jedna pani, co ma osiemdziesiąt dwa lata. Na osiemdziesiąte urodziny dostała od wnuków komputer i teraz się uczy. Jest najlepsza w grupie, bo już trochę umie. Oleńko, czy ty znasz grę „Wizard"?

– Znam.

– A to dlaczego, kochanie, nigdy mi jej nie pokazałaś? – zapytała babcia z uśmiechem.

– Bo... tego... przecież... masz te... chore oczy... – zaczęła Ola, bo jakoś trudno jej było wyjaśnić babci, że ona po prostu do komputera nie pasuje.

– Właśnie, oczy. Po co mam oszczędzać oczy w tym wieku? Ty powinnaś oszczędzać, ale ja? Zaletą starości jest to, że już nie trzeba niczego oszczędzać.

– A wiesz, babciu, teraz monitory są takie, że nie szkodzą.

– Zresztą ja wczoraj byłam u mojej okulistki.

– Wczoraj? Sama do niej poszłaś? Przecież cię nie zapisywałam.

– Sama się zapisałam i sama poszłam. I w ogóle, córeczko, chyba będziesz teraz miała więcej czasu dla siebie, bo ja umiem się zapisać do lekarza do mojej przychodni przez Internet.

– Wiesz co, mamo? Sama już nie wiem, co o tym sądzić. To kiedy urządzasz swoje imieniny?

– Bardzo lubię twoje imieniny, babciu. Zrobisz coś pysznego, jak zawsze?

– Zrobię, kochanie. Dla ciebie wymyślę coś absolutnie specjalnego. Już mam pomysł.

– Może potrzebujesz coś z apteki? A plecy cię nie bolą? Nie wiem, czy to jest zdrowe dla ciebie... cztery razy w tygodniu przy komputerze. Ja bym chciała jednak porozmawiać z twoją lekarką.

– Proszę bardzo. Masz tu e-mail do niej – odparła z dumą babcia i wyjęła z torby wizytownik.

Ola spojrzała na mamę. Na jej czole równiutko, jedna pod drugą, pojawiły się trzy bardzo niezadowolone z babci zmarszczki.

*

Przez całą drogę powrotną mama mówiła tylko jednym: co się z babcią dzieje, jak ona ciężko przeżywa to odejście na emeryturę, co też ona wymyśla. Teraz mama będzie mieć z nią jeszcze więcej kłopotów.

– Ale dlaczego więcej? Jak będzie się sama do przychodni zapisywać i sobie sprawdzi choroby...

– Nic nie rozumiesz. Zobaczysz jeszcze. Już ja ją znam. Starsi ludzie bywają gorsi niż dzieci.

– Babcia jest gorsza niż ja? Fajnie!

– Obie jesteście takie same – mruknęła mama, z ponurą miną prowadząc samochód.

Gdy weszły do mieszkania, drzwi otworzyła im czerwona od płaczu Baśka.

– Co się stało?!

– To ja już pójdę. Do widzenia. – Za plecami Baśki pojawił się Paweł. Był jeszcze bardziej zgarbiony niż zazwyczaj, ale twarz miał spokojną. – Cześć, Bacha. Nie przejmuj się tak strasznie. To tylko życie – powiedział i wyszedł.

Gdy tylko zamknęły się za nim drzwi, Basia wybuchła głośnym płaczem.

– Co się stało, kochanie? Basieńko, kochana moja, co się stało? Oleńko, idź na dwór.

– Przecież mam karę.

– Zawieszam ci na dziś.

– Ale ja też chcę wiedzieć.

– Potem ci powiem. Widzisz, że Basia...

– Dlaczego zawsze wyrzucacie mnie w najciekawszym momencie? Zresztą sama dałaś mi karę, to teraz bądź konsekwentna.

Rozstanie Baśki z chłopakiem

– On mnie już nie kocha! – załkała Baśka.

– Ooo! – ziewnęła Ola i nawet nie zapomniała o przysłonięciu ust dłonią. – Znów te nudy. Czy nie możesz czasem przeżyć czegoś ciekawszego?

– Nie mów tak, na pewno cię kocha. Pokłóciliście się? Tak często bywa. Pogodzicie się, zobaczysz. Nie warto się martwić na zapas.

Mama usiadła koło Baśki, objęła ją ramieniem, tuliła i pocieszała. Ola za nic w świecie nie wyszłaby teraz z domu, bo ominęłoby ją najfajniejsze opowiadanie. Potem nikt tak dokładnie nie powtórzy jej, o co chodzi. Zrobiła więc to, co wydało jej się najlepsze – zeszła Baśce i mamie z oczu. Cichuteńko, na paluszkach, wymknęła się do przedpokoju i przykleiła do ściany tuż koło pokoju siostry.

– Mamo, on mnie już nie kocha. Poznał taką Inkę.

– Inkę?

Oli od razu przyszła na myśl wielka puszka kawy zbożowej „Inka", która krocząc na nogach z dwóch łyżeczek do herbaty, spotyka kudłatego Pawła.

– Tak, Inkę. Co za głupie imię, prawda? Ma na imię Dagmara, ale używa Inka, idiotka jedna. Ta Inka… znam ją. Nikt jej nie lubi. Nie ma żadnych znajomych. Masakrycznie chuda. Obojczyki tak jej sterczą, o tak! – Basia wyciągnęła ręce daleko przed siebie. – Brzydka jak noc listopadowa, pryszcze jak kratery, nos taki wielki, że jak się pochyla, to prawie nim po stole rysuje, zarozumiała, obrażalska, mówi tak niewyraźnie, jakby cały czas miała coś w ustach, jej ojciec nie ma pracy… A Paweł twierdzi, że z nią się rozumie w pół słowa. Mamo, jak to możliwe? W pół słowa?! Zamienił z nią kilka zdań i już „w pół słowa"? Ja nie rozumiem, jak to jest możliwe, że ona podoba mu się bardziej niż ja! – Baśka zaszlochała.

– Kochanie, to na pewno nic poważnego. Może jeszcze…

Ola przestała słuchać. Znała te historie na pamięć. Baśka już kilka razy przeżywała wielki dramat, bo jakiś jej chłopak spotkał jakąś tam Inkę, albo naradzały się z mamą, jak ładnie wybrnąć z sytuacji, kiedy to Baśka poznała kogoś innego i się w nim zakochała. To było nudne i denerwujące, bo teraz Baśka znów będzie w domu najważniejsza. Wszystko będzie się robiło tak, jak Basia chce, bo przecież cierpi. Mama zawsze bardzo się tymi bzdurami przejmowała. Oli czasem się zdawało, że nawet bardziej niż sama Baśka, która po kilku dniach zapominała o całej spra-

Ola – o rozstaniach jej siostry z chłopakami

wie. Pamiętała tylko, żeby rządzić się w domu, wykorzystywać mamę i zwalać wszystkie obowiązki na Olę.

– Oleńko? Jesteś jeszcze?

– Tak.

– Wynieś śmieci.

– Ale to kolej Baśki – zaprotestowała Ola, sama nie wiedząc po co. Z góry mogła przewidzieć, co mama powie. I mama oczywiście to powiedziała.

– Chyba rozumiesz, jaka jest sytuacja.

– A jak nadźgam się na pająka?

– Nadzieję, a nie nadźgam. Za dnia się chowają. Jeszcze jest słońce, leć szybko. Zresztą jak zobaczysz pająka, to go zabij – beztrosko powiedziała mama.

– No, tego to na pewno nie zrobię – warknęła Ola i poszła, a już za drzwiami pomyślała: „Jak mama może tak mówić? Przecież pająki są mądre i czyściutkie, bo wciąż się myją".

Ola – zmiana stosunku do pajaków

*

– Co robisz, Ola? Idziesz wynieść śmieci? Mogę ci pomóc. Wiesz, że w szkole będzie dyskoteka?

– Kiedy?

– W piątek. Tylko dla naszej klasy. Przyjdziesz?

– Nie wiem – odparła z wahaniem Ola, chociaż za nic w świecie nie przepuściłaby okazji, żeby sobie bezkarnie poszaleć.

– Ja idę. Podobno Bartek chce ze mną chodzić – powiedziała z dumą Marcela.

– Chodzić z tobą? Naprawdę? A ty chcesz?

– Nie wiem, ale w naszym wieku chyba już można. Moja jedna kuzynka… O, zobacz, idzie moja sąsiadka, ta od szczeniaków. Dzień dobry, możemy zobaczyć dzieci Dropsy?

Gdy wyszły od sąsiadki, Ola zorientowała się, że nadal ma niewyrzucone śmieci i że jest już ciemno. Wyprawa do śmietnika po zmroku była wykluczona. Ola wolałaby umrzeć, niż wejść na terytorium gigantycznych rozszalałych pająków. Bez zastanowienia położyła worek przed śmietnikiem i pobiegła do domu.

– Pięknie! Gdzie ty byłaś? Ola, czy ty zapomniałaś, że masz karę?

– Sama mnie przecież wysłałaś.

– Ale nie na tak długo. Marsz do wanny. Nie rzucaj ubrań byle gdzie, tylko zbierz je i poskładaj. I jutro bez fochów. Masz być miła dla Łukasza. Ja też chcę mieć coś z życia. Nic tylko babcia, ty albo sprawy Basi. Dość mam kłopotów. Ja też jestem ważna. Żadnych fochów, zrozumiano?

Ola nie bała się mamy, bo jej gniew szybko przechodził. Jednak nie było miłe, kiedy mama mówiła, jakim Ola jest dla niej kłopotem. Nikt nie lubi o tym słuchać, bo nikt nie uważa siebie za kłopot dla innych. Ola nie była pod tym względem wyjątkiem. Długo użalała się nad sobą i niesprawiedliwymi ocenami mamy. O dyskotece przypomniała sobie dopiero w wannie. Lepiąc z piany najwymyślniejsze rzeźby, marzyła o tym, jak się wytańczy i wyszaleje. Na pewno nie usiądzie ani na sekundę. A jak będzie trzeba, to nawet z chłopakiem może zatańczyć. A co to niby takiego?

> Ola – słowa mamy sprawiają jej przykrość

ROZDZIAŁ VI

Łukasz

Łukasz mógł pracować wszędzie. To, że siedział w mieszkaniu Oli, w niczym mu nie przeszkadzało. Owszem, zgodził się odrabiać lekcje w dużym pokoju, żeby Ola miała u siebie ciszę i spokój. Poprawił się na obcym krześle, oparł brodę na dłoni i zapatrzył się w okno. Myślał, a właściwie przypominał sobie, jak było na wystawie kotów rasowych. Odruchowo sięgnął po swój ulubiony czarny cienkopis i zaczął wypisywać kolejno, jakie rasy widział. Kartka szybko pokryła się napisami.

devon reks
brytyjski niebieski
pers szynszylowy
kot birmański
foreign white
srebrny pręgowany
norweski leśny
turecka angora

Łukasz nie zastanawiał się, czy wszyscy mają aż taką pamięć jak on – po prostu odrabiał pracę domową. Pisanie, liczenie, zapamiętywanie, czyli wszystko, co trzeba robić w szkole, było proste i przyjemne – poza tym wstrętnym wuefem i kolegami, którzy zawsze, obojętnie jak bardzo się starał, w końcu dochodzili do wniosku, że to nie jest normalne, żeby ani razu nie kopnąć celnie piłki.

Łukasz – lubi szkołę, z wyjątkiem lekcji WF-u

Oczywiście Łukasz nie zdradzał nikomu swojego poglądu. Jeszcze czego! Nie był głupi – zawsze mówił, że nie lubi szkoły. Po co mu dodatkowe kłopoty?

Pisał od razu na czysto. Przeczytał i dostawił jeden przecinek, a słowo „lśniąca" zamienił na „połyskliwa". Potem przeczytał jeszcze raz i „miła w dotyku" zamienił na „jedwabista".

Zamknął zeszyt.

„I co teraz?"

Spojrzał na zegar. Pisał siedemnaście minut.

„Ciekawe, jak idzie Oli. Czy opisała…"

– Nie mogę! Już nie mogę! Jak można zadać coś tak głupiego?! – Ola weszła do pokoju jak burza, podrzucając sobie zeszyt nad głową. – Napisałeś już?

– Tak.

– Już?! Ja mam tylko pierwsze zdanie. Do wieczora będę to pisać. Straszne! – Ola zrobiła zamach i zeszyt uderzył o sufit. Nie złapała go i zeszyt spadł na dywan jak połamany motyl. – I po co komu takie wypracowanie? Baśka, zrobisz mi kanapki?

> Ola – słabo radzi sobie z pisaniem wypracowań

– Daj mi spokój. Rozmawiam z Pawłem na GG.

– Przecież zerwaliście…

– Nie wtrącaj się. Nic nie rozumiesz. On się jeszcze zastanawia. Mama wróci od babci, to ci zrobi. Siadaj i pisz. Masz skończyć przed jej powrotem.

Ola spojrzała na Łukasza.

– Ty możesz sobie wyjść na dwór. Dobrze masz.

– A ty nie?

– Nie. Mam karę. Wiesz, za tamto nad Wisłą…

– Ale wczoraj…

– Wczoraj miałam dys-pen-sę. – Ostatnie słowo Ola powiedziała z naciskiem. – Wiesz, co to jest dyspensa?

– Wiem.

– Właśnie, więc to miałam. Dobra, idę pisać. Pamiętasz, jakie tam były koty? Podaj mi jakąś rasę, co?

– Malamut…[1]

– Biorę tego mamuta! Łatwizna! – szczerze ucieszyła się Ola.

– Malamuta!

– Głupio się nazywa. Mamut lepiej, łatwiej. Jak jutro jej przeczytam „malamut", to jej kapcie spadną.

Ola poszła do siebie, a Łukasz wyjął książkę. Czytał teraz *Biały kieł*. Przeniósł się na kanapę, podkulił nogi jak u siebie w domu i zatonął w lekturze. Nie minęła minuta, kiedy Ola znów przyszła. Tym razem zeszyt miała zwinięty w trąbkę.

---

[1] *Malamut* – alaskan malamute to rasa psa. Łukasz robi sobie żarty, korzystając z niewiedzy Oli.

– Jak on się nazywał? Mimamut? O rany, jak mi się nie chce tego robić! Może zjadłabym lody… Co czytasz?

– Olka, napisałaś już czy nie? – krzyknęła Basia.

– Nie!

– Idź pisać!

– Zaraz się zabiję! – jęknęła Ola.

– Może podać ci nożyk?! – zażartowała Basia.

Łukasz jeszcze kilka razy był świadkiem tego samego. Ola wciąż przychodziła i narzekała, kłóciła się z siostrą, pytała, co on robi, co ogląda, co pije, co zaznacza, dzwoniła do mamy, żeby zapytać, kiedy wróci, potem do babci (czy mama już wyszła), potem znów do mamy (czy już jedzie). Gdy Łukasza wieczorem zabrała jego mama, Ola nadal nie miała jeszcze dokończonego wypracowania.

*

Przez całą drogę powrotną do domu mama Łukasza nie mogła się Oli nachwalić.

– Co to za wspaniała dziewczynka! Jaka żywa, jaka ruchliwa. Istne srebro. Wiesz, jej mama mi mówiła, że ona w ogóle nie siedzi przy komputerze. Lubi ruch. Ty też mógłbyś czasem, Łukaszku…

| Mama Łukasza – o Oli |

– Oj, mamo…

– Ale taka jest prawda, kochanie. Inne dzieci nie siedzą cały dzień z książką. Mógłbyś też czasem pobiegać. Poza tym nie miałbyś takich kłopotów na wuefie.

– Przecież chodzę na basen i gram w piłkę z chłopakami.

– Takie tam granie! Widziałam, jak grasz. Uciekasz przed piłką. Biegasz dużo po boisku, żeby się wydawało, że jesteś aktywny, albo udajesz, że się potknąłeś i noga cię boli. Nie gniewaj się, kochanie, ale tak wygląda prawda. Wiesz, dla chłopca sport jest bardzo ważny.

– Mamo, co będzie na kolację?

– Kurczak z rożna. Nie zmieniaj tematu. Może zapisać cię do jakiejś sekcji, co? Ta Oleńka… Wiesz, jestem nią zachwycona. Taka żywa. I śliczna, prawda? Urocza dziewczynka.

| Ola – śliczna |

– Urocza? Raczej bym nie powiedział... – mruknął Łukasz i zaraz przed oczami stanęła mu Ola machająca rękami, przerażona maleńkim bezradnym pajączkiem. – No, może... – dodał ugodowo. – Wiesz, że tatuś przyjeżdża za...

– Wiem, wiem. Otwieraj, bo winda nam ucieknie.

*

Pani Bocian, ich polonistka, sprawdzała pracę domową. Kolejno kazała uczniom czytać swoje wypracowania i od razu je omawiała. Łukasz siedział w ławce razem z Adamem i mimo woli zerkał w jego zeszyt. „Bojsko", „koło żeki", „stszeliłem". Łukasz najchętniej poprawiłby Adamowi te wszystkie błędy, ale wiedział z doświadczenia, że nie byłoby to mądre. W starej szkole poprawił raz koledze całą pracę i ten na zawsze go znienawidził. Teraz więc słowa nie powiedział Adamowi. Słuchał, jak inni czytają swoje prace. Gdy tylko ktoś zaczynał, Łukasz przypominał sobie jego imię i nazwisko i wszystko, co mówiła o tej osobie Ola. Wcale się nie nudził, chociaż te prace były upiornie nudne i widać było, że nikt w klasie nie pisał ich z przyjemnością.

– Proszę bardzo, teraz Ola Mróz.

Gdy tylko pani to powiedziała, z ławki Oli spadł metalowy piórnik. Hałas był taki, że cała klasa zwróciła wzrok w stronę Oli.

– Oleńko, masz pracę domową?

– Mam, tylko gdzieś mi zeszyt... Zaraz... O, jest! Znalazł się! – ucieszyła się Ola, jakby zupełnie się tego nie spodziewała. Nie wstając z ławki, zaczęła czytać. – „Byłam z mamą na wystawie...".

– Oleńko, wstań. Wyprostuj się. Przestań sobie skubać tę kieszeń. Co ty ją tak szarpiesz? Wiesz co? Chodź do mnie. Tu nic cię nie będzie rozpraszać. Dlaczego masz niezawiązane sznurowadła? Możesz się przecież przewrócić. Żeby dziewczynka tak wyglądała... Szybko zawiąż... Zaczynaj... – westchnęła polonistka, a Ola nabrała powietrza, tak długo i tak głośno, jakby planowała skok na głęboką wodę.

> Ola – niestaranny wygląd

– „Byłam z mamą na wystawie. Tam były koty. Malakut to kot bardzo... bardzo... bardzo... ten... bardzo... ten...".

– Co się dzieje?

– Nie mogę odczytać – szczerze przyznała się Ola, a Łukasz, sam nie wiedząc dlaczego, tak się przejął, że aż zacisnął dłonie, jakby trzymał za Olę kciuki.

Łukasz – przejęty niepowodzeniem Oli

Widział wczoraj, jak Ola długo męczyła się z tą pracą, a dziś… bez względu na to, co było napisane dalej, Łukasz domyślał się, że praca Oli jest bardzo słabiutka.

– Chyba wiel…. wiel… wiel…

– Pokaż mi ten zeszyt. – W głosie nauczycielki słychać było wyraźną irytację, a gdy wzięła zeszyt Oli do ręki, dodatkowo zrobiła się czerwona.

– Zobaczcie, jak wygląda zeszyt Oli po jednym dniu. Proszę bardzo. – Nauczycielka podniosła zeszyt do góry i pokazała pomięty, naddarty zeszyt z jedną zapisaną stroną. – Oleńko, popatrz, czy ktoś w klasie ma już tak zniszczony zeszyt? Co ty nim robiłaś? Grałaś w piłkę?

Łukasz od razu przypomniał sobie, jak Ola chodziła po mieszkaniu i rzucała zeszytem do sufitu.

– Gdzie byłaś z mamą? Na wystawie kotów, tak? I co masz do powiedzenia? Raz, dwa… sześć zdań.

– Bo nie da się nic więcej powiedzieć. Tam były koty i to napisałam.

– Ola, można napisać szerzej. Zobacz, inni ładnie napisali…

– Ale nie o takiej głupiej wystawie – hardo odparła Ola.

– Siadaj. Myślałam, że przez wakacje… – nauczycielka zamilkła nagle, ale Ola zrozumiała i obrażona stała dalej. – No, siadaj. O wystawie kotów można napisać bardzo dużo, zapewniam cię. O tym można powieść napisać. Proszę, kto następny? Kto jeszcze nie czytał? A ty… ty… aha, Łukasz Tomaszewski, tak? Możesz czytać z ławki, jeśli chcesz.

Łukasz – nie chce dokładać Oli kłopotów

Łukasz bardzo wolno, jakby ruszał się w smole, wsunął swój zeszyt pod podręczniki i dopiero potem wstał. Wziął do ręki nowy, jeszcze niezapisany brudnopis i otworzył go na pierwszej stronie.

– Jednym z najbardziej udanych i jednocześnie najciekawszych dni podczas tych wakacji była moja przeprowadzka. Zmienialiśmy mieszkanie i moja mama wybrała właśnie okres wakacyjny, żeby załatwić tę uciążliwą i zawsze bardzo stresującą sprawę. Ja miałem tylko spakować swoje skarby, czyli rupiecie, które moja mama każdego dnia chce wyrzucić, i dla mnie był to dzień miły i pełen wrażeń. Moja mama na pewno nie zgodziłaby się z tą opinią, ale to moja praca domowa, więc i punkt widzenia będzie mój. Zaczęło się od tego, że ciężarówka firmy przewozowej, która miała podjechać pod nasz dom o godzinie ósmej, zjawiła się z pewnym opóźnieniem, to znaczy o trzynastej. Ten fakt, nie wiem dlaczego, zirytował moją rodzicielkę. Tłumaczyłem jej, że to fajnie, bo dłużej będziemy w naszym kochanym starym mieszkaniu, ale te – przecież bardzo racjonalne – argumenty zupełnie do niej nie trafiły. Tak to już jest z matkami. O godzinie trzynastej mili inaczej panowie w podkoszulkach, które niejedno już widziały, zjawili się w naszym starym lokum…

Łukasz mówił i mówił. W klasie zrobiło się bardzo cicho. Tylko Oli dwa razy z trzaskiem spadła książka, a raz ona sama, bujając się na krześle, strąciła rzeczy dziewczynek siedzących w ławce za nią.

> Ola – nieważna

– Ślicznie! No, pięknie! Piszesz wspaniale! Czy wszyscy słyszeli? Mamy tu chyba przyszłego pisarza! Znakomicie, Łukaszku! Już ja się teraz do was wezmę. Jeśli wasz kolega, wasz rówieśnik, może, to wy także. Czy Ola słyszała, ile można napisać na jeden temat? Co tam mruczysz? Że nie o wystawie kotów, tak? Zapewniam cię, że twój nowy kolega, gdyby pisał o wystawie kotów, też by napisał więcej niż sześć zdań pojedynczych nierozwiniętych. Łukaszku, podaj mi swój zeszyt. Jeśli nie masz błędów, ten rok szkolny zaczniesz od szóstki. W kratkę? My piszemy w linię. Co… gdzie jest twoja praca?

Pani Bocian zmarszczyła czoło. Przekartkowała kilka pierwszych, puściuteńkich stron i zdziwiona spojrzała na Łukasza.

– Czyli nie masz pracy, tak? Skąd to czytałeś?

– …

– Słucham.

– Mówiłem z głowy – przyznał się Łukasz.

– I co ja teraz mam zrobić? Z głowy, tak? Jeśli to prawda… Ale z drugiej strony… Nie masz pracy?

> Wymyślenie przez Łukasza na poczekaniu opisu przeprowadzki

– Nie mam.

– Dlaczego?

– Zapomniałem.

– I na poczekaniu wymyśliłeś ten opis?

– Tak. Na poczekaniu.

– Poproszę twój dzienniczek. W tej szkole nie oszukuje się bezkarnie nauczycieli. Pięknie zacząłeś swoją naukę w naszej szkole. Jedynka. Twoi rodzice na pewno się ucieszą. Oddaję ci dzienniczek, a my

> Otrzymanie przez Łukasza jedynki z języka polskiego

zaczynamy nowy temat. Rozszerzanie słownictwa związanego z waka-
cjami ze szczególnym uwzględnieniem przysłówków odprzymiotniko-
wych...

Gdy Łukasz doszedł do swojej ławki, zerknął na Olę. Siedziała w nie-
typowy dla niej sposób, bo nieruchomo, obgryzała skórkę przy kciuku
i wpatrywała się niego wielkimi, zdziwionymi oczami.

*

Wracając do domu, Łukasz wyobrażał sobie, że czeka na niego tatuś.
Tatuś stoi w progu i otwiera drzwi. Łukasz mówi mu o jedynce, a tatuś
aż klaszcze w ręce z radości. Jest zachwycony i mówi, że uczeń bez jedynki to jak żołnierz bez karabinu. Obaj długo i głośno śmieją się z tego.
Potem tatuś – dla uczczenia pierwszej jedynki w życiu syna – zabiera go
na lody czekoladowe.

Łukasz wyobrażał sobie to wszystko tak wyraźnie, że szedł ulicą,
śmiał się i mówił sam do siebie. Nie widział dziwnych spojrzeń prze-
chodniów ani niczego, co się wokół niego działo. Był
taki szczęśliwy! Wbiegł do mieszkania jak na skrzyd-
łach. Niestety, w domu czekała mama, która oczywiście nie była jedynką zachwycona.

Łukasz – radość na myśl
o spotkaniu z tatą

– Jak mogłeś mi to zrobić? Jak to nie napisałeś? Ty? Nie rozumiem.
Łukaszku, popatrz na mnie... Czy chcesz mnie ukarać za to, że tatuś
już... że tatuś wyjechał? Powiedz mi szczerze, o co ci chodzi. Dlaczego to
wszystko musi na mnie spadać? No powiedz! Chcesz się na mnie odegrać?

– Nie, mamo! Po prostu zapomniałem. Zwyczajnie zapomniałem.

– Ale ty? Ty? Może rzeczywiście to nie jest dobry pomysł, żebyś u tej
Oli... cóż, byłoby wygodnie, ale... dobrze, będziesz zostawał w domu.
Tak być nie może. Może masz rację, że tam nie ma warunków do na-
uki...

– Są warunki. Mamo, po prostu zapomniałem. To co z tą dyskoteką?

– Sama już nie wiem. Chyba musisz iść.

– A może bym jednak został, co?

– Ale to nowa klasa. Musisz mieć kolegów. Nie możesz cały czas tak
się izolować. Nie, Łukasz, nie ma o czym mówić. Idziesz.

Łukasz spróbował jeszcze podsunąć mamie myśl, że może za tę jedynkę należy mu się kara – siedzenie w domu. Jednak mama nie dała
się na to nabrać.

– Siedzenie w domu ma być dla ciebie karą? Nie rozśmieszaj mnie, synku. Idziesz na tę dyskotekę i koniec dyskusji. Proszę bardzo, teraz poćwiczysz stopy, a potem…

„No trudno – pomyślał Łukasz – w końcu mogę iść. Inteligentny człowiek nigdzie się nie nudzi, to i ja przeżyję dyskotekę. To tylko trzy godziny, szybko miną. Będę sobie siedział i myślał o tym, że za cztery dni, już za cztery dni zobaczę tatusia. Jakoś się przemorduję. Może udam, że mnie boli głowa. Zresztą będę się trzymać Adama, będę robić to, co Adam. A przecież on chyba nie zamierza tańczyć…".

> Łukasz – umiejętność godzenia się z sytuacją

*

Łukasz podpierał ścianę i patrzył na kilka osób, które tańczyły na środku sali, nie przejmując się obstrzałem spojrzeń kolegów, dwóch dyżurnych nauczycieli i kilku wścibskich mam. Jednak nauczycielka bardzo chciała, żeby to była udana zabawa, a jeśli ma być udana, to wszyscy muszą tańczyć. I nagle zabawa stała się obowiązkowa.

> Szkolna dyskoteka

– …i teraz bardzo proszę… bardzo ładnie! Równo! Wszyscy razem, robimy kółeczko! Koniec podpierania ścian! Wszyscy do zabawy! Ruszać się! Dajcie się porwać muzyce!

Zanim Łukasz zdążył się gdzieś schować, czyjeś ręce porwały go do kółeczka. Nie bardzo wiedząc, co teraz ma robić, szedł po prostu tam, gdzie go prowadzono. Lubił muzykę, ale nie w takim natężeniu i niekoniecznie wtedy, gdy trzeba się do niej wyginać albo trzymać czyjeś spocone ręce.

– A teraz w pary! Proszę, bierzemy za ręce osobę koło nas! Kto nie znajdzie partnera, ten musi dać fant! Uwaga, liczę do trzech. Raz…!

Łukasz poczuł, że czyjeś zdecydowane, stanowcze ręce złapały go i mocno trzymają.

To była Ola. Roześmiana, czerwona, z błyszczącymi oczami, najwyraźniej była w swoim żywiole.

> Ola – radość z tańca

– A teraz konkurs tańca na gazecie. Proszę bardzo, szukamy sześciu chętnych par. Zapraszamy tu, na środeczek…

Łukasz nie zdążył nawet pomyśleć, co to może być taniec na gazecie, bo w życiu o czymś takim nie słyszał, a już razem z Olą stał na środku jako jedna z sześciu chętnych par.

– I zaczynamy! – wrzeszczał wodzirej.

Ola ustawiła Łukasza na rozłożonej gazecie.

– Tu masz tańczyć. O tu. Nie wolno ci wyjść poza gazetę ani jej podrzeć, jasne? – powiedziała, jakby byli w wojsku.

Oszołomiony Łukasz w pierwszej chwili chciał po prostu wyrwać dłonie z rąk Oli i uciec, ale było to niemożliwe, bo Ola trzymała go zbyt mocno, a poza tym nie chciał jej sprawić przykrości, a jej, z jakiegoś powodu – czego Łukasz kompletnie nie rozumiał – na tym tańcu na gazecie zależało. Zanim jeszcze zaczęła grać muzyka, Ola już podrygiwała i przebierała w miejscu nogami, a na twarzy miała radosny uśmiech. Najwyraźniej była w swoim żywiole. Utwór nie był długi i zanim Łukasz na dobre się rozkręcił, już się wszystko skończyło.

Ktoś kazał im zejść, ktoś sprawdził, która gazeta ucierpiała najmniej i… Ola z Łukaszem wygrali.

Wspólna wygrana w konkursie tańca

– Zapraszamy zwycięzców. Proszę bardzo. Ola i Łukasz, nasi zwycięzcy! Otrzymujecie te piękne kapelusze, które zrobili uczniowie klas szóstych specjalnie dla zwycięzców.

– Chała, co nie? Myślałam, że dadzą coś słodkiego – mruknęła Ola.

Nacisnęła kapelusz głęboko na głowę, jednak po oczach było widać, że jest bardzo zadowolona ze zwycięstwa. Aż promieniała.

Łukasz – nowe spojrzenie na Olę

Łukasz, pierwszy raz, odkąd ją poznał, pomyślał, że ta Ola nie tylko jest bardzo fajna, ale też bardzo ładna.

Szybko wyjął z kieszeni swój aparat fotograficzny.

ROZDZIAŁ VII

Ola

Ola gnała na rowerze do szkoły. Jechała szybko, jednocześnie śpiewając pod nosem hymn państwowy, który miała zadany na dzisiaj. Właśnie była przy „biją w tarabany" i stwierdziła, że znów zapomniała, co to są te głupie tarabany, gdy niemal wpadła jej pod koła Marcela. Ola zahamowała i jeszcze gdy rower jechał, zeskoczyła z niego na bok, na obie nogi.

Ola – bardzo sprawna fizycznie

– Uważaj, zabiłabym cię! – wrzasnęła na przyjaciółkę, ale wizja bycia zabitą nie zrobiła na Marceli najmniejszego wrażenia.

– Olka, pamiętasz, jak to było wtedy z kluczami? Z tymi, co znalazłyśmy. No wtedy, pamiętasz? To ja Łukasza zobaczyłam pierwsza, żeby nie było potem… Wtedy, no? Z kluczami, pamiętasz?

– Co? Kiedy? – Ola stała koło roweru i wpatrywała się w przyjaciółkę, zupełnie nie rozumiejąc, o co jej chodzi.

– Ja poznałam Łukasza pierwsza.

– Razem go poznałyśmy – powiedziała na wszelki wypadek Ola.

– Ale ja go zawołałam. Ty podeszłaś później. I ode mnie wziął klucze. Ja pierwsza go zobaczyłam. Przypomnij sobie dokładnie.

Marcela bardzo się starała zachowywać naturalnie i spokojnie, ale Ola za długo ją znała, żeby nie wyczuć, że Marceli strasznie na takim ustaleniu zależy. Nie bardzo mogła zrozumieć, dlaczego to dla Marceli takie ważne, ale dla świętego spokoju przyznała jej rację.

– Niech ci będzie – powiedziała.

Zdjęła kask i umocowała rower na stojaku przed szkołą.

– Nie żadne „niech ci będzie", tylko tak było. To jest najświętsza prawda. Łukasz też to tak pamięta.

– Dobra, ale o co ci chodzi? Chce mi się pić. Co pierwsze? A, wuef. Jak to dobrze, poskaczemy sobie.

– Wuef jest drugi, teraz informatyka. Chodź. Olka, nie biegnij tak szybko. Poczekaj!

Zainteresowanie dzieci zdjęciami zrobionymi przez Łukasza na dyskotece

Ola wpadła do pracowni informatycznej jak burza. Wszyscy, którzy tam byli, skupili się wokół monitora. Ola bez pardonu odepchnęła kilka osób i stanęła oko w oko... sama ze sobą.

– O rany! – aż otworzyła usta.

Adam siedział na taborecie, trzymał myszkę i klikał na kolejne zdjęcia z dyskoteki. Były bardzo fajne. Ludzie na nich nie stali, nie pozowali, ale byli w ruchu, tańczyli, rozmawiali, pili colę, jedli ciastka. Na dwóch widać było objadającą się dwoma ciastkami naraz Marcelę, na jednym Adam ze zdziwioną miną poprawiał sobie pasek przy spodniach. Było też kilka portretów.

– Kto zrobił...

Zanim Ola zdążyła dokończyć pytanie, ktoś szepnął jej do ucha:

– Słyszałaś już, że Łukaszowi bardzo się podoba Marcela?

– Marcela? – Ola zrobiła zdziwioną minę. – Nie słyszałam. Tak mówił?

Błędne zinterpretowanie przez Marcelę słów Łukasza o tym, kto mu się podoba

– No wiesz – pospieszyła z wyjaśnieniem Marcela – jak chłopcy wracali z dyskoteki, to rozmawiali, która dziewczyna w klasie jest najładniejsza. Mnie też Paweł wskazał. Ciebie nikt. A Łukasz powiedział, że jemu podoba się ta dziewczyna, którą pierwszą z naszej klasy poznał. Czyli ja.

Ola zacisnęła usta. Poczuła się oszukana i zdradzona przez Łukasza, a jeszcze bardziej przez Marcelę. To ona znosi go w swoim domu, musi się z nim męczyć popołudniami, a jemu teraz podoba się Marcela? Nie-

Ola – złość na Marcelę i Łukasza

doczekanie. A poza tym Marcela też jest podła. Przecież to Ola pierwsza go poznała, bo... bo... to ona znalazła klucze! I nikt temu nie zaprzeczy. Nie wypadało teraz powiedzieć, że Marcela kłamie, że nagina prawdę, ale tak zostawić tej sprawy Ola też nie mogła. Poruszona, oburzona i jakoś dziwnie niespokojna rozejrzała się za Łukaszem.

Musiała się dowiedzieć, co dokładnie Łukasz mówił. Dowiedzieć się

Ola – impulsywność

wszystkiego, do końca i teraz. Natychmiast! Nie zdawała sobie sprawy z tego, że ma mocne niezdrowe rumieńce, błyszczące oczy, zaciekłość w spojrzeniu, a włosy jej sterczą na wszystkie strony.

Łukasz na jej widok po prostu się przeraził.

– Ty?! Co powiedziałeś Marceli, Adamowi i chłopakom?

– Ja? Nic! – szybko odparł Łukasz i na wszelki wypadek zrobił kilka kroków do tyłu.

– Nie kręć! Wiem, że im powiedziałeś. Nie myślałam, że jesteś taka świnia – krzyknęła Ola prosto w twarz przerażonemu Łukaszowi, odwróciła się na pięcie i biegiem pognała do klasy.

Wyrwała kartkę z zeszytu do matematyki i napisała wielkimi zamaszystymi literami:

Jesteś świnia! Nie sądziłam, że możesz być taki podły. Nie przychodź do mnie do domu, bo cię zabiję! Otruję cię, bo mamy trutkę na ulizane szczury! Rozpuszczę ci w herbacie albo dodam do pomidorowej, zobaczysz! Nawet nie będziesz wiedział kiedy!

Czym prędzej rzuciła Łukaszowi kartkę.

Oczywiście nie trafiła.

Kartka spadła na ławkę dziewczyn siedzących przed Łukaszem. Marta już wzięła ją do ręki i... Tego Ola nie mogła znieść.

– Oddaj! Nie otwieraj! – szepnęła, ale widząc, że Marta udaje, że jej nie słyszy, w dwóch susach dopadła ławki dziewczyn, wyrwała im swoją własność i odetchnęła z ulgą.

– Oleńko, co ty robisz, dziecko? Dlaczego jesteś taka rozpalona? Masz gorączkę? Kochanie, teraz jest matematyka, sprawy załatwisz na przerwie – powiedziała łagodnie matematyczka. – Usiądź, proszę, w swojej ławce.

O skupieniu się na lekcji nie mogło być jednak mowy. Ola jeszcze kilka razy przepisała swoją kartkę. Ostateczna wersja brzmiała:

Ty świnio podła i ryjasta, z racicami! Jesteś zwyczajnym pasiastym warchlakiem, prosiaku! Jak mogłeś być takim wieprzem! Trzymaj się z dala od mojego domu, bo tam czeka cię śmierć przez zarżnięcie. Pamiętaj, że mamy tasak (tasak to taki wielki nóż do zarzynania świń, jakbyś nie wiedział).

Ledwie rozległ się dzwonek, Ola jak na sprężynie wyskoczyła z ławki, wpadła na Łukasza i wepchnęła mu do ręki swoje dzieło.

*

– Ola, otwórz! – zawołała Baśka.

– A ty nie możesz? No dobra, dobra, zaraz! No, już idę. Co ty tutaj…

– Cześć.

Na progu stał Łukasz we własnej osobie. Olę aż zatkało. Co za bezczelność! W zasadzie w tym momencie powinna iść po tasak lub po trutkę na szczury i spełnić groźbę. A tymczasem stała i patrzyła na tego bezczelnego typka.

– I co? Może masz zamiar wejść do mnie? – zapytała z groźną miną.

– Tak, a co?

– Zapomniałeś, co ci napisałam na kartce?

– Nie mam tej kartki… Nie przeczytałem, bo Marcelina mi wyrwała.

– Co? Jak to wyrwała?! I nie wiesz, co tam było?

– Olka, wejdźcie do środka i przestań krzyczeć na cały korytarz.

– Właź! – Ola złapała Łukasza za rękaw bluzy i mocno szarpnęła. Nie dając mu czasu na ochłonięcie, wepchnęła go do swojego pokoju, kazała usiąść, stanęła przed nim w rozkroku, skrzyżowała ręce i powiedziała:

– To teraz ci powtórzę: jesteś świnią, ty warchlaku…

– Olka! Co ty znów wyprawiasz? Dlaczego go przezywasz? – Basia natychmiast zjawiła się w pokoju Oli.

– Nic mu nie robię, tylko mu mówię, że jest świnia.

– Świnią, jeśli już – odruchowo poprawiła Basia. – Dlaczego?

– Bo jest świnią.

– Ale dlaczego jest świnią? – nie ustępowała Basia.

Ola rozumiała, że za żadne skarby świata nie może przecież powiedzieć siostrze, dlaczego. Poczuła się złapana w pułapkę.

– A bo ja wiem! Skąd mam to wiedzieć! Pewno się taki urodził. Świniowaty.

– Ale ja pytam, co on takiego zrobił, że doszłaś do tej odkrywczej myśli?

– Co zrobił? – Ola zagryzła zęby.

Ola – przeświadczona o tym, że siostra ją wyśmieje

Z tym gorzej. Nie mogła teraz, przy Łukaszu, wyjaśniać Baśce, że wściekła się na niego za to, że podoba mu się Marcela. Siostra na pewno strasznie by się z niej śmiała. Zresztą Baśka nigdy nic nie rozumiała, więc najlepiej było nigdy niczego jej nie mówić.

– Baśka, my z… Łukaszem idziemy na dwór.

– Ty masz przecież karę.

– No to będę mieć tę karę o jeden dzień dłużej – wymyśliła na poczekaniu. – Wychodzimy.

Ola znów złapała Łukasza za rękaw i wyciągnęła z domu. W zasadzie chciała mu wykrzyczeć, co myśli o jego zdradzie, ale najpierw spotkali sąsiadkę, potem fryzjerkę z salonu na rogu, więc odciągnęła go spory kawał w stronę Wisły. Szli tak i szli. Ola trzymała Łukasza za bluzę, a on wcale się nie opierał.

– Zobacz, łabędzie! – Łukasz nagle się zatrzymał.

– Gdzie?

– O, te dwa.

– To są łabędzie? Coś ty! Łabędzie to takie białe, z długą szyją, a nie szare.

– Ale te lecą i nie widać, że są białe. To łabędzie. Zobacz, jaki fajny pies!

– A zobacz tamtego! Tamten jest lepszy, jakby go było z przodu za dużo.

Rzeczywiście, w tym właśnie momencie właściciele przedziwnych psiaków postanowili je przewietrzyć i Ola z Łukaszem mieli sporo śmiechu, komentując wygląd psów i ich podobieństwo do właścicieli. Śmiejąc się i przepychając, dotarli nad Wisłę.

– Zobacz, jak... zachodzi.

Ola zatrzymała się na chwilę, zauroczona pięknym pomarańczowym niebem. Łukasz stał obok i oboje w milczeniu podziwiali wspaniały zachód słońca. Ola pomyślała, że w zasadzie teraz Łukasz powinien ją pocałować. I nagle przypomniała sobie, że przecież nie może dać się mu pocałować, bo go nienawidzi, a jak się kogoś nienawidzi, to nie można się z nim całować przy zachodzie słońca.

> Ola i Łukasz – radość ze wspólnego przebywania ze sobą

– A tak w ogóle z tą Marcelą...

– Ja cię przepraszam, że im powiedziałem. Wiem, że najpierw powinienem tobie...

Łukasz zrobił się strasznie czerwony, a pomarańczowe słońce jeszcze to podkreśliło.

– Właśnie. I co ty widzisz w tej Marceli? Cielę takie. I głupia. Poza tym ma odstające lewe ucho. Nie zauważyłeś?

– No, trochę cielowata jest.

> Ola – zazdrość o Marcelę

– To co ci się w niej aż tak podoba, żeby wszystkim o tym gadać?

– Mnie?

– A komu? Tamtemu panu? Jasne, że tobie. Nawet tej, no tej... odwagi cywilnej nie masz!

Ola zbiegła z wału przeciwpowodziowego na wielką piaszczystą łachę nad samą Wisłą. Tam usiadła wprost na piasku i zaczęła go przesiewać między palcami. Nagle zrobiło jej się bardzo smutno. Poczuła się tak, jakby ktoś wlał jej truciznę do serca.

Wyjaśnienie Oli przez Łukasza, że to nie Marcelę lubi

– To nie Marcelę lubię – powiedział cicho Łukasz i usiadł koło Oli.

Też nabrał piasku i też zaczął go przesiewać między palcami.

– Nie? To po co... – Ola umilkła w pół zdania.

Bardzo wolno zaczynało do niej docierać, co Łukasz powiedział i co to oznacza. Jeszcze chwilę pomyślała o tym wszystkim i uznała, że Marcela to kłamczucha, wszystko przekręciła, a Łukasz... o rany! Jemu wcale nie Marcela się podoba.

Zerknęła na niego. On też akurat patrzył, więc Ola szybko spuściła wzrok.

Ola – poruszona wyznaniem Łukasza

Nagle coś się stało... Pierwszy raz w życiu Ola nie chciała nic mówić i zrobiło jej się jakoś tak... niezręcznie. Nagle poczuła się, jakby dostała coś bardzo fajnego, nie wiadomo co, ale wiadomo, że coś wspaniałego. Siedzieli niby tak samo jak przed chwilą i wszystko było tak jak przed chwilą, a jednak nie. Wszystko się zmieniło. Teraz głupio było nie tylko odezwać się do Łukasza, ale nawet spojrzeć na niego.

Siedzieli tak dość długo. Słońce wolniutko chowało się w korony drzew na przeciwległym brzegu. Nadal było jasno i ciepło. Ola czuła, że trzeba coś zrobić. Wstać i iść albo coś powiedzieć, ale jakoś wszystko wydawało jej się niewłaściwe. Właściwie najbardziej chciała, żeby Łukasz sobie stąd poszedł, a wtedy ona mogłaby normalnie wstać, otrzepać spodnie i pobiegać na bosaka po piachu. Bo przy nim było jakoś tak głupio. Czuła, że cokolwiek zrobi, będzie to głupie, więc nic nie robiła.

– Już ósma – odezwał się Łukasz i Ola poczuła wielką ulgę.

– Wracamy, tak? – spytała zwyczajnie.

– Tak.

Nie było już nic więcej do powiedzenia. W absolutnym milczeniu wrócili do domu. Tam Baśka nakrzyczała na nich, kazała umyć ręce,

zrobiła im kanapki i herbatę z cytryną, potem znów nakrzyczała i oznajmiła, że nie zamierza więcej się o nich martwić, bo ma inne, znacznie
fajniejsze zajęcia niż zamartwianie się o dwoje głupich dzieciaków.
A w ogóle to dla niej mogliby się potopić, jej to nic nie obchodzi i już
nie będzie więcej obchodziło, ale uprzedza Olkę, że jeśli się utopią, to
Olka nie ma co na nią liczyć, bo tego Baśka nie daruje jej nigdy. I wyszła.

Ola i Łukasz nic nie mówili. W uszach jeszcze
dźwięczały im krzyki Baśki. Ola uśmiechnęła się
pod nosem. Zerknęła na Łukasza. Niestety, on akurat
też na nią zerkał, więc oboje szybko odwrócili wzrok.

Ola i Łukasz – zakłopotanie wywołane wzajemnymi spojrzeniami

Po chwili Łukasz powiedział:

– I pamiętaj, Olka, jak się utopisz, to nie masz co na mnie liczyć.

I oboje parsknęli śmiechem.

– A lekcje odrobiłaś?

– Nie. Teraz się wezmę.

– Ja też.

Jedząc kanapki, oboje rozłożyli zeszyty.

– Ja zaczynam od polaka. Polak najgorszy… O, ile ty już masz zapi-
sane! Pokaż… A to jest o wystawie kotów… To wypracowanie? Przecież
nie miałeś? – Ola spojrzała na Łukasza, a on szybko spuścił wzrok.

Ola wszystko zrozumiała. Nic nie powiedziała, ale
gdy po Łukasza przyszła jego mama, Ola, mówiąc
mu „cześć", uśmiechnęła się i postarała, żeby niczego
w tym momencie nie skubać, nie kopać, nie dotykać
i nie skrobać.

Uświadomienie sobie przez Olę, że Łukasz się dla niej poświęcił

I udało się.

*

– Ola, co się z tobą dzieje? Za pięć minut wychodzimy do babci. Możesz mi powiedzieć, co jeszcze robisz? Teraz wzięłaś się do lekcji?

– Bo nie mogłam wcześniej…

– Ja zwariuję. Weź to do babci. Dziewczynki, błagam was, ile czasu
można się szykować. Basiu, ty się znów przebierasz?

– Bo mi opaska nie pasuje do ubrania! Gdzie jest
moja biała spódnica? Rajstopy białe w romby też mi
gdzieś przełożyłyście. No nie patrz tak, mamo! Pięć
minut, dobrze?

Basia – upodobanie do białych strojów

– To babci imieniny. Ona ma tylko nas, a wy chcecie się spóźnić?! Ona tam na nas już czeka.

Po trzydziestu minutach wszystkie trzy siedziały w samochodzie, a po kolejnych dwudziestu stały pod drzwiami babci. Basia naciskała dzwonek, a Ola rytmicznie uderzała końcem bukietu w ścianę i obserwowała, jak fajnie pąk róży się odbija.

– Momencik! – krzyknęła babcia zza drzwi.

Mama od razu się zdenerwowała:

– Co ona robi? Mamo! – zapukała do drzwi.

– Już, już! Bo ręce mam... no, jestem... Witam was, moje kochaneczki!

Babcia stała w progu, uśmiechając się do nich szeroko. Wzięła bukiet i zaczęła z zapałem wąchać sfatygowane, poobijane pączki róż.

Imieniny babci Oli

– Mamo, w dniu twojego święta... – mama nagle przerwała. – A co to jest?

– To jest moja niespodzianka – z dumą powiedziała babcia.

Ola spojrzała tam, gdzie patrzyła mama. Na ładnie nakrytym stole stało coś brązowego, co wyglądało bardzo smakowicie.

– Co to jest? – powtórzyła mama z nutą irytacji w głosie.

Babcia, Ola i Basia natychmiast wyczuły jej zdenerwowanie i w domu babci zrobiło się dziwnie niemiło.

– Na moje doświadczone kulinarnie oko to jest tiramisu – powiedziała Basia. Nachyliła się nad ciastem i powąchała. – Tak, to tiramisu. Na pewno.

– Co? Jakie znów tiramisu?

– Takie ciasto.

– Wiem, że ciasto – niemal warknęła mama i Ola ze zdziwieniem spojrzała na nią, bo nie rozumiała, co mamę aż tak złości.

– Bardzo dobre, Aneczko. Teraz modne. No, wchodźcie, moje kochane... Zaraz robię herbatkę.

– A gdzie sernik? – ostro zapytała mama, jakby przyszła odebrać zamówienie.

– A co, liczyłaś na sernik? Jeszcze ci się nie znudził? Po tylu latach? – zaśmiała się babcia.

– Nie, nie znudził mi się. Nie zrobiłaś sernika? – zapytała mama lodowatym tonem.

W pokoju zapadła cisza.

– To już nudne z tym sernikiem – powiedziała wreszcie Ola, a mama zaraz skarciła ją wzrokiem.

Ola najchętniej po prostu nałożyłaby już sobie tego tiramisu na talerzyk i zjadła, najlepiej od razu dwie porcje, i to bez mycia rąk, bo wtedy bardziej smakuje, ale nastrój nie zachęcał do ucztowania.

Mama była z jakiegoś powodu zła. Patrząc surowo na babcię, spytała, skąd ten pomysł, a kiedy okazało się, że babcia wyszukała w Internecie, mama zdenerwowała się jeszcze bardziej.

Mama Oli – krytyczna wobec nowych zainteresowań babci

– Córeczko, czy to nie jest dobrze, że mi się jeszcze chce robić coś całkiem nowego? Świat jest taki ciekawy, a Internet… no, coś niesamowitego. Nie myślałam, że dożyję takich czasów.

Babcia Oli – chęć rozwoju

– Czyli na sernik już nie ma co liczyć, tak?

– Ależ zrobię ci. Następnym razem, skoro tak ci zależy. A wiecie co? W Internecie znalazłam przepis na mój sernik. Nazywa się „Tradycyjny sernik Krystyny", ale to jest mój. Cudowne, prawda? Oczywiście wydrukowałam sobie przepis, bo to takie wspaniałe! Zaznaczasz i zaraz samo się drukuje. Nic nie trzeba pisać. No, dziewczynki, idźcie myć ręce i siadamy. Proszę bardzo, komu ten wielki kawałek?

– Mnie! – wrzasnęła Ola i wyciągnęła swój talerzyk w stronę babci. Oczywiście zrzuciła widelczyk i przewróciła filiżankę, na szczęście jeszcze pustą.

Ola – nieuważna

– Ja dziękuję – stanowczo powiedziała mama.

– No, chociaż spróbuj, proszę cię, zobaczysz, jakie to dobre…

W końcu mama bardzo niechętnie wzięła kawałek.

– No i jak? – babcia wpatrywała się w córkę i wnuczki.

– Pyszności owe! Na maksa! – krzyknęła Ola.

– Babciu, świetne! Trudno się to robi? – zapytała Basia.

– Prościutko. Bez pieczenia. A ty, Aniu, co powiesz?

Mama zmarszczyła brwi, nadal żując swój kawałek i przewracając oczami, jakby się nad czymś głęboko zastanawiała.

– Może być. Oczywiście do sernika to temu daleko.

Babcia zaparzyła kolejną herbatę, jeszcze raz zachwyciła się kwiatami, a potem powiedziała:

– Wiecie co? Jak już zjecie, to miałabym prośbę… bo ja nie bardzo umiem się po tym Allegro poruszać… Może Basia by mi…

– Po Allegro? A czego ty tam szukasz?! Mamo, co się z tobą dzieje? Mało masz kłopotów ze zdrowiem? Chcesz siedzieć przez całe dnie przy komputerze?

– Allegro jest fajne. U mnie w szkole jeden chłopak węża sobie kupił na Allegro! Pytona!

– Nikt cię o zdanie nie pytał. Może jeszcze zamierzasz wejść na jakieś forum, co?

– Już jestem – niepewnie odparła babcia.

W pokoju zrobiło się cicho jak przed burzą. W końcu babcia powiedziała:

– Dla wdów. Bardzo ciekawe. Tyle miłych osób… wiecie, poznałam jedną panią…

– Mamo, błagam cię… Na jakim ty świecie żyjesz…

I zaczęło się. Mama wygłosiła niemal to samo przemówienie, które Ola już kilka razy słyszała, że to niebezpieczne, że trzeba uważać, bo nie wiadomo, kto się pod jakim nickiem ukrywa. Ola słuchała tylko na początku, potem wzięła nóż i odkroiła sobie kawałek tiramisu. Zjadła go, duszkiem wypiła herbatę i nudząc się niemiłosiernie, swoim zwyczajem bujała się na krześle. Nagle odezwała się komórka mamy. Mama przerwała, zawahała się, czy ją odebrać, więc Ola szybko rzuciła:

– Odbierz, ja babci wszystko powiem.

– A skąd ty możesz wiedzieć, co ja mam babci do powiedzenia?

– Bo przecież mi to już sto razy mówiłaś, słowo w słowo – wypaliła szczerze Ola. – No odbierz, ja babci powiem.

Gdy mama wyszła z komórką do przedpokoju, Ola zmieniła temat.

– Wiesz, babciu, a Baśkę rzucił chłopak.

– Cicho siedź, smarku! Nie masz pojęcia o tych sprawach!

> Ola – brak dyskrecji

– Ale to prawda. Babciu, wiesz, rzucił ją, bo znalazł sobie inną, z obojczykami na wierzchu.

– Oj, Basieńko, tak mi przykro.

– Nie chcę teraz o tym mówić – powiedziała Basia, nakładając sobie na talerz winogrona.

– Dajcie dziewczynie spokój. – Mama wróciła do pokoju. – To jej sprawa. Każdy ma prawo do prywatności. Mamo, proszę, pokaż mi to forum. Siadaj, loguj się. Jesteś jak dziecko…

– Mogę wyjść na dwór? – zapytała Ola.

Z góry wiedziała, że teraz mama ze wszystkimi szczegółami opowie babci o Pawle i tym całym rzuceniu Baśki, a na dworze można było sobie przynajmniej pobiegać.

> Mama Oli – brak dyskrecji pomimo słów o prawie Basi do prywatności

Ola wyszła, a raczej waląc butami, rzuciła się na schody. Trochę zbiegała, trochę zjeżdżała po poręczy, dwa razy się przewróciła, ale w końcu szczęśliwie znalazła się na parterze.

Znała dobrze to podwórko. Oczywiście u babci nie było roweru, no i nie miała tu tak wielu znajomych jak u siebie, ale zawsze ktoś tam się trafił.

> Ola – towarzyska

– Cześć, Patrycja!

– Cześć, Ola! Przyjechałaś do babci?

– No, na fajne ciasto, które babcia znalazła na forum dla wdów. Pyszne, chociaż moja mama udawała, że jej nie smakuje – streściła koleżance ostatnie wydarzenia. – Co robisz? – zapytała grzecznościowo Ola, bo widać było, że Patrycja nic nie robi.

Stała przed drzwiami klatki schodowej i owijała to jedną, to drugą nogę wokół poręczy. Olka pomyślała, że fajne to owijanie i gdyby Patrycja sobie nareszcie poszła, ona też by chętnie tak spróbowała.

– Czekam na kogoś – powiedziała tajemniczo Patrycja i wysunęła brodę do przodu.

– Na kogo? – bez zainteresowania zapytała Ola.

– Na chłopaka.

– Na jakiego chłopaka?

– Na MOJEGO CHŁOPAKA – wypaliła Patrycja i teraz już nie tylko broda, ale też cała głowa wysunęła jej się daleko, jak u żółwia.

Ola zamrugała oczami. Wszystkiego by się po Patrycji spodziewała, ale nie tego. Zanim zdążyła ją obśmiać i wymyślić coś bardzo złośliwego, Patrycja zapytała:

Ola – uszczypliwość

– A ty masz chłopaka? Na pewno nie.

– Dlaczego nie? – zdenerwowała się Ola i nie mogąc utrzymać równowagi na murku, stanęła nieruchomo.

– Bo to widać po tobie.

– A właśnie, że mam chłopaka!

– Tak? – W głosie Patrycji brzmiała kpina. – To jak niby ma na imię, co?

– Łukasz – błyskawicznie odparła Ola i aż zrobiło jej się gorąco.

– O, idzie Marcin. Cześć! Aha, Olka, i tak ci nie wierzę, wiesz? Nie masz jeszcze chłopaka.

Ola milczała. Była zaskoczona sama sobą. Po pierwsze – po co kłamie tej głupiej Patrycji? A po drugie – dlaczego powiedziała akurat „Łukasz"?

– Dlaczego, kochanie, siedzisz tak cichutko? Źle się czujesz?

– Pewnie po tym cieście. Tak to jest z wynalazkami.

– Brzuszek cię boli, Oleńko? – ciepło zapytała babcia.

– Nie. Myślę – oznajmiła poważnie Ola.

Ola – nieustanne rozmyślanie o Łukaszu

W samochodzie siedziała na tylnym siedzeniu i wodziła palcem wskazującym po szybie. Zastanawiała się, dlaczego cały czas myśli o Łukaszu.

Kiedy dojechały i mama zaparkowała w garażu wielopoziomowym, Ola od razu zauważyła Marcelę. Siedziała na murku i bawiła się długim patykiem, pisząc po piasku. Gdy tylko zobaczyła ich samochód, rzuciła patyk i pobiegła w ich stronę.

– Dzień dobry. A pieska by pani nie wzięła, bo moja sąsiadka ma do oddania?

– Nie, Marcysiu. Ola, możesz zostać, ale tylko chwilę. Do widzenia, Marcelinko – uśmiechnęła się do niej mama i dziewczynki zostały same.

– Wiesz, widziałam Łukasza.

– I co z tego? Widź go sobie, ile chcesz.

– Rozmawialiśmy – powiedziała Marcelina i cedząc sylaby, dodała: – O to-bie.

– Co?! O mnie? I co mówiliście?

– Nic.

– Jak to nic?

– No nic. Normalnie. On nie był ciekawy.

– Czego?

– No, ciebie.

– Jak to mnie?

– No, normalnie. Powiedział, że nie chce o tobie rozmawiać. Zobaczymy szczeniaki?

> Łukasz – dyskrecja

– Pić mi się chce, idę do domu – odparła Ola, nagle wściekła na cały świat.

– Olka, możesz jutro do szkoły przynieść te cienkopisy, takie brokatowe?

– Po co?

– Bo chcę je sobie od ciebie pożyczyć.

– Nie pożyczę ci.

– Pożyczysz. – Marcelina wydawała się bardzo pewna siebie. Oparła się ramieniem o ścianę budynku i bezczelnie spojrzała Oli w oczy. – Pożyczysz, sama się przekonasz. Mogę się nawet założyć.

– Dobra! Zakładam się. Ale ty, Marcela, głupia jesteś. Jasne, że ci nie pożyczę.

– A jeśli mi jednak pożyczysz?

– A jeśli ci jednak pożyczę, to możesz mnie prosić, o co tylko chcesz.

– Dobrze! Super. A jeśli ja przegram, to dam ci całą moją kolekcję serwetek.

Ola chwilę się zawahała, bo kolekcja serwetek to było coś, na czym Marceli zależało najbardziej na świecie. Dlaczego teraz nagle chce tak łatwo się ich pozbyć? Może już jej się znudziły? Ale to raczej niemożliwe! Więc o co chodzi? Bo to jasne, że Marcela przegra. Przecież tylko od Oli zależy, czy pożyczy, czy nie, więc Marcela przegra na sto procent.

– Zgoda – wesoło powiedziała Ola i wyciągnęła rękę. – Stoi.

– Stoi – równie wesoło powiedziała Marcela i zaraz dodała: – To jutro przynieś te cienkopisy. Tylko na pewno.

Ola popukała się w głowę. Nigdy nie miała nazbyt dobrego zdania o Marceli, ale teraz to ona już zupełnie zwariowała. Ola jeszcze chwilę patrzyła, jak Marcela w podskokach, wesolutka jak ptaszek, biegnie do domu. Ola rozejrzała się po podwórku. Nikogo znajomego nie było, a poza tym strasznie chciało jej się pić. Wskoczyła jeszcze na ławkę, zeskoczyła z oparcia i poszła do domu.

Łukasz siedział na półpiętrze. Gdy tylko zobaczył Olę, podniósł się ze schodów.

– Cześć.

– Cześć.

Milczenie. Cisza. Okropna, ciężka jak ołów. Nieprzyjemna. Ola poczuła, że z jakiegoś powodu robi się czerwona, jest jej gorąco i ma tak sucho w ustach, jakby połknęła Saharę.

Łukasz coś powiedział, ale zanim do Oli to dotarło, usłyszała szaleńczy tupot nóg. Łukasz zbiegał po schodach, gnając na złamanie karku. Dopiero gdy jego kroki ucichły, Ola zmarszczyła czoło i odtworzyła w myślach to jedno krótkie zdanie.

„To ciebie poznałem pierwszą".

Tylko tyle. Cztery słowa, a Ola prawie do pierwszej w nocy leżała z otwartymi oczami, nie mogąc usnąć.

Ola – stosunek do Marceli

Ola – onieśmielenie spowodowane obecnością Łukasza

Łukasz – słowa świadczące o jego zainteresowaniu Olą

Ola – poruszona wyznaniem Łukasza

ROZDZIAŁ VIII

Łukasz

Łukasz uruchomił komputer.

– Cześć – powiedział jak zawsze do swojej fototapety.

Przez chwilę wpatrywał się w ślicznego żółtego pajączka na tle bladych kwiatów bzu lilaka. Był to osnuwik pospolity. Łukasz nie zrobił tego zdjęcia sam. Znalazł je na jakimś fotoblogu, podpisane jako T. Drozda. Było to ze dwa lata temu. Już wtedy bardzo lubił pająki, ale nie miał jeszcze swojego aparatu. Teraz w zasadzie mógł już zmienić to zdjęcie na jakieś zrobione przez siebie, bo miał kilka równie ślicznych, ale po co? Przyzwyczaił się do tego.

Wszedł do kalendarza. Oczywiście wiedział, co dziś ma się zdarzyć, bo zawsze wszystkie daty doskonale pamiętał i ten kalendarz nie był mu potrzebny, ale ponieważ to tatuś uczył go, jak się nim posługiwać, Łukasz cały czas z niego korzystał.

„Przyjazd taty!".

Tak, to było najważniejsze wydarzenie tego dnia.

Łukasz sam, z własnej woli, wziął woreczek z grochem i nastawił timer. Ćwiczył całe dwadzieścia minut i tym razem wcale nie wydawało mu się to długo, bo

> Łukasz – radość na myśl o spotkaniu z tatą

miał o czym myśleć. Potem poszedł do kuchni i wypił duszkiem dwie szklanki wody. Wszystko to dla taty. Mama wciąż jeszcze spała, i dobrze. Zanim wstanie, Łukasz zdąży sobie coś pooglądać. Zdjęcia. A konkretnie zdjęcia z dyskoteki. Miał dwa ulubione. W jednym wyciął kolegę z klasy, który niepotrzebnie znalazł się na drugim planie, w drugim wykadrował ujęcie tak, żeby Olę było lepiej widać. Ponieważ usłyszał budzik mamy, zaczął się ubierać.

– Jak tam, kochanie? – i nie czekając na odpowiedź, spytała: – Dziś spotykasz się z tatą, pamiętasz?

– Pamiętam. Ale jak to „spotykasz"? A ty się nie spotykasz?

– Nie wiem jeszcze… później o tym porozmawiamy… albo nie… – mama usiadła na łóżku Łukasza. – Synku, tatusia długo nie było, prawda?

Mama Łukasza – nie potrafi powiedzieć synowi o rozstaniu z jego tatą

Teraz wraca i... Nie, dlaczego ja mam to robić... Tatuś sam ci wszystko wytłumaczy.

– Ale co?

– Nic. Spotkasz się z nim i... Łukasz, czy ty widzisz, która godzina?! Szybko do łazienki! Zrobić ci tosty?

Aż do wyjścia Łukasz już nic więcej od mamy się nie dowiedział. W szkole chodził jak nieprzytomny. Przez pierwszą lekcję co pięć sekund patrzył na zegarek i nie mógł zrozumieć, co dziś stało się z czasem, że tak się wlecze. Na przerwie chciał podejść do Oli, ale gdy tylko zobaczyła,

Ola – onieśmielenie spowodowane obecnością Łukasza

że się zbliża, zesztywniała, zrobiła się czerwona, zacisnęła usta, a potem odwróciła się na pięcie i uciekła. Została tylko Marcela, która trzymała opakowanie jakichś błyszczących kolorowych cienkopisów, ale z nią akurat nie miał ochoty rozmawiać.

„Ciekawe, co się Oli stało? Może się na mnie gniewa? Pewnie za wczoraj. Tak, na pewno za wczoraj. Ale co ja takiego zrobiłem? Chciałem tylko, żeby wiedziała, że to, co rozgaduje ta głupia Marcela, to kłamstwa".

Nie miał jednak czasu długo się nad tym zastanawiać, bo podszedł do niego Adam.

– Łuki, co chodzisz taki smętny? Teraz wuef, pogramy sobie! – rzucił

Łukasz – niechęć do WF-u

wesoło, a Łukasz pomyślał, że ten głupi wuef psuje mu cały dzień.

I rzeczywiście ten wuef do miłych nie należał. Przynajmniej na początku.

– Dziś nauczymy się dryblingu, czyli przechodzenia z piłką mimo ataku przeciwnika. Proszę bardzo, teraz każdy po dziesięć strzałów na bramkę, a potem do pracy. Zaczynamy!

To nie był najgorszy scenariusz. Zawsze mogło być gorzej – na przykład przewroty w tył lub stanie na rękach, choć strzelanie do bramki też było fatalne.

Łukasz – wdzięczność dla Adama

– Łuki, ty ze mną w parze! – usłyszał głos Adama.

Łukasz poczuł tak wielką ulgę, że gdyby to nie było tak strasznie głupie, chybaby Adama uścisnął.

Pomoc okazana Łukaszowi przez Adama na lekcji WF-u

– Łukasz i Adam. Szóstki – powiedział na koniec lekcji wuefista i Łukasz pierwszy raz w życiu poczuł, że może ten wuefista jest do zniesienia.

– Zaraz po szkole w szatni – szepnął do niego Adam i mrugnął. – Mamy do pogadania – dodał i zniknął Łukaszowi z pola widzenia.

„Ciekawe, o co mu chodzi? Może już więcej nie chce być ze mną w parze? Nie dziwię się. Jak on to zrobił, że dostałem szóstkę? Szóstkę z wuefu… Ale tatuś się ucieszy"

Tego dnia Łukasz dostał jeszcze dwie szóstki (z matematyki i przyrody) i piątkę (z polskiego), a po lekcjach tak się cieszył, że będzie miał się czym tacie pochwalić, że całkiem zapomniał o tym tajnym spotkaniu z Adamem i szybko pobiegł do domu.

> Łukasz – bardzo dobre wyniki w nauce

*

Było dziesięć po czwartej, gdy wylądował samolot, a za dwadzieścia piąta, gdy Łukasz rzucił się tatusiowi w ramiona. Ojciec podniósł go do góry, przytulił i powiedział, że Łukasz jest już dorosłym chłopcem. A potem dał Łukaszowi pudełeczko.

– Co to?

– Otwórz, zobacz.

– Komórka! Prawdziwa? Mamo, zobacz, tatuś dał mi komórkę! Ale super! Mamo, zobacz! No, zobacz!

– Widzę, widzę…

Mama stała koło taty. Łukasz zupełnie nie zwrócił uwagi na to, że tata jakoś dziwnie wolno podszedł do mamy i pocałował ją w policzek.

– Dzień dobry – oficjalnie powiedziała mama. – Wiecie co? Jedźmy już. Pogadacie sobie w drodze do domu.

Wsiedli do samochodu. Mama prowadziła, a Łukasz z tatą siedzieli z tyłu.

– Łukasz, założyłeś aparat?

– Jaki znów aparat? – zainteresował się tatuś.

– Na zęby.

– Po co mu na zęby?

– Właśnie, po co mi?

– Bo ma krzywe, po to – warknęła mama. – Łukaszku, w domu umyjesz zęby i zaraz założysz aparat.

Tata Łukasza – podważa
przy synu autorytet
jego mamy

– Daj mu spokój, to duży facet. Zobacz, jeszcze trochę, a będzie wyższy ode mnie. Nie trzeba mu o niczym przypominać, a tego aparatu to ja nie popieram. Tatuś mrugnął do Łukasza porozumiewawczo. Łukasz aż rozpromienił się z radości, że ma takiego sojusznika.

– Łukasz, do łazienki – niemal krzyknęła mama, gdy znaleźli się w domu.

– Oj, mamo, tatuś mówił…

– Ale ja mówię co innego…

– Dlaczego go stresujesz?

– Co? Ja go stresuję? Bezczelny jesteś, wiesz?! Pomyśl o tym, jakie stresy ty mu fundujesz.

Kłótnia rodziców Łukasza

Stojąc w łazience, Łukasz łowił każde słowo rodziców. Nie podobało mu się to, że się kłócą, no ale w końcu nie pierwszy raz się kłócili. Nagle pomyślał, że to wszystko przez mamę. Tatuś dopiero co wrócił, a ona o myciu zębów. W zasadzie czuł coś dziwnego, nieuchwytnego, ale nie wiedział co. Prawie cały wieczór tatuś siedział z nim, gadali, ojciec obejrzał wszystkie zdjęcia, ani razu nie powiedział, że mu się nudzi, że jest zmęczony, że musi odpocząć po podróży. Mama się nie wtrącała. Zamknęła się w swoim pokoju i chyba czytała. Łukasz był szczęśliwy. Nie dość, że miał tatusia w domu, że dostał komórkę, to jeszcze tatuś cały czas jest z nim. Łukasz jest najważniejszy. Tatuś zajmuje się tylko nim. Do tej pory, gdy tatuś wracał, rodzice zaraz kazali mu iść spać. A teraz nareszcie tatuś ma dla niego czas. Fajnie!

– Łukaszku, masz kolację. – Do pokoju weszła mama z talerzem pełnym kolorowych kanapek.

– A tatuś?

– Ja nie jestem głodny, ale ty jedz. Synku, wiesz, nie chciałem ci mówić wcześniej, ale mam teraz sporo pracy i chyba będę pracować gdzie indziej.

– Ale już nie wyjeżdżasz?

Tata Łukasza – okłamuje syna

– Nie, nie, zostaję w Warszawie, tylko mam masę pisania, i to po nocach. Chodzi o to, że razem z mamą postanowiliśmy, że na jakiś czas, na kilka tygodni, gdy będę pisać tę książkę, muszę być sam.

– Sam?

– Tak. Chyba na jakiś czas zatrzymam się w naszym starym mieszkaniu. Oczywiście będę tu przychodził. Będę cię odbierał ze szkoły, będziemy e-mailować, no i teraz, gdy masz komórkę... Wiesz co? Może od razu ją uaktywnimy. Chcesz?

– Jasne!

– To dawaj. Ty jesz, ja uaktywniam. A jutro zaraz po szkole... Wiesz co? Mam teraz kilka dni wolnego, to może ja cię odbiorę, co?

– Fajnie – powiedział Łukasz i w tym momencie pomyślał, że trochę szkoda, bo nie zobaczy się z Olką, ale trudno. Tatuś to tatuś.

*

Łukasz wyszedł przed szkołę i rozejrzał się. Taty nie było. Uważnie potoczył wzrokiem po parkingu – samochodu taty nie było. W tym momencie zapiszczała jego komórka. Wczoraj z tatą do późna ustawali dzwonki i wybrali piosenkę, którą Łukasz bardzo lubił.

„Pewnie się spóźni" – pomyślał Łukasz, wyciągając z kieszeni komórkę. Wolno, bo jeszcze nie bardzo umiał się w tym wszystkim połapać, otworzył esemesa.

Łukaszku, przepraszam, ale nie dam rady dziś po ciebie przyjechać, bo wypadło mi coś bardzo ważnego w pracy. Może uda mi się jutro. Jak tam komórka? Jak tylko będziesz miał mało na koncie, daj znać. Siema!

> Tata Łukasza – nie dotrzymuje danego słowa

Łukasz kilka razy przeczytał wiadomość. „Siema"? Zwyczajne „siema" jakby nic się nie stało?

– Patrzcie, Łukasz ryczy!

– Zadzwoń do mamusi, niech ci kupi chusteczki!

– Odczepcie się. Mówiłeś coś?

– Ja? Nie.

– A może ty? Spadać! On ma zapalenie oczów, kretyni. Wiesz, co to są zapalone oczy? Moja siora to miała, straszne! Ja też miałem i Łukasz też to ma. Masz chustki?

– Mam.

Pomoc po raz kolejny okazana
Łukaszowi przez Adama

– To dawaj. Wiesz, jak to boli? Ja z bólu się wiłem, a Łukasz nic. Dopiero teraz puścił, a boli go od rana – powiedział Adam.

Koledzy z uznaniem popatrzyli na Łukasza. Teraz dopiero zauważyli, jakie Łukasz ma czerwone oczy.

„Jak ja mu się odwdzięczę?" – pomyślał Łukasz i wtedy zobaczył Olę.

*

Zobaczył ją i... odwrócił się plecami. Po pierwsze, nie chciał, żeby widziała go zaryczanego, po drugie... sam nie bardzo wiedział, co jest tym „po drugie", ale wyraźnie czuł, że teraz, gdy Adam stanął w jego obronie, gdy ma prawdziwego kumpla, to jest tak ważne, że Ola... może poczekać. Co prawda serce mu się rwało, żeby z nią porozmawiać, zapytać, dlaczego cały dzień była taka wściekła i ani razu się do niego nie odezwała. Ale Adam... najlepszy piłkarz w klasie teraz stał i tłumaczył wszystkim, że takie „zapalone oczy" to poważny kłopot.

Konieczność wyboru przez
Łukasza między Olą a Adamem

– Łukasz! Chodź na chwilę! – krzyknęła Ola.

Łukasz, a razem z nim reszta chłopców spojrzeli w stronę Oli.

– On teraz nie może. Jest zajęty! – krzyknął Adam.

– Nie ciebie pytam. Łukasz, chcę ci coś powiedzieć.

– Weź i idź stąd, dobrze? Mamy męskie sprawy.

– Męskie-śręskie. Łukasz, idziesz czy nie? – w głosie Oli brzmiała wyraźna irytacja.

– Czego ona od ciebie chce? To nienormalna kretynka. Może to twoja narzeczona?!

Adam ryknął śmiechem, a wszyscy chłopcy do niego dołączyli. Łukasz poczuł ogień na policzkach.

– No, idź do niej, jeśli wolisz ją od nas – powiedział nagle bardzo poważnym głosem Adam. – Tak sobie myślę, z kim by tu ćwiczyć na następnym wuefie – dodał po chwili.

– Łukasz, masz tu natychmiast przyjść! Moja mama kazała mi z tobą porozmawiać! – wrzasnęła ze złością Ola.

Odtrącenie Oli przez
Łukasza na rzecz Adama

– Teraz nie mogę – zawołał niepewnie Łukasz.

– Co?! – nie na żarty wściekła się Ola.

– On mówi, że teraz nie może. Widzisz? Nie może! Spadaj z tym swoim koślawym rowerem. – Adam szturchnął Łukasza w bok. – Jednak nie jesteś baba, zawsze w ciebie wierzyłem. No, panowie, idziemy. Raz-dwa zagramy sobie meczyka, a potem…

Łukasz nie słyszał, co potem. Ruszył za kolegami z klasy. Jeden jedyny raz obejrzał się, mając nadzieję, że Ola wskoczyła na rower i pognała do domu – zła, obrażona i mająca do niego słuszny żal. Niestety, Ola stała w tym samym miejscu. Trzymała kierownicę roweru i wpatrywała się w Łukasza. Wręcz przewiercała go wzrokiem na wylot. Łukasz poczuł to jej spojrzenie jak chłośnięcie batem. Z bólu aż zrobiło mu się gorąco.

*

W domu nic mu nie szło. Nie chodziło tylko o to, że Ola tak na niego patrzyła. Zadzwoniła też mama i trzeba było jej powiedzieć, że tatuś po niego nie przyszedł. Wtedy mama jakby się ucieszyła i zaczęła: „To cały twój ojciec, na twoim ojcu nigdy nie można było polegać, no to się teraz sam na własnej skórze przekonałeś…".

> Mama Łukasza – krytykuje tatę Łukasza

Łukasz musiał bardzo długo słuchać o „swoim ojcu". W końcu powiedział mamie, że trochę źle się czuje i że może dziś nie pójdzie do Oli. Mama się zgodziła. Łukaszowi spadł ciężar z serca, ale tylko trochę, bo gryzł się tym, że okłamał mamę, i miał dziwne wrażenie, że wszystkie meble, ściany, książki, a nawet ręcznik w łazience wiedzą, jak się dziś zachował, i patrzą na niego z pogardą.

Łukasz – wyrzuty sumienia z powodu kłamstwa

Internet na chwilę wyłączyli. Lekcje zrobił szybko i nawet napisał dwa wypracowania, bo gdy Adam wspomniał mu, ile dziś ma rzeczy do zrobienia, Łukasz sam się zaoferował, że mu napisze. Potem usiadł przy komputerze. Postanowił zrobić porządki na dysku. Nie było to konieczne, ale na to właśnie miał ochotę – zająć się czymś konkretnym, przy czym można nie widzieć, że lampa patrzy na niego z pogardą.

Łukasz – wyrzuty sumienia z powodu zignorowania Oli

Łukasza – lubi porządek

Po godzinie miał gotowy nowy folder, w którym zgromadził same najważniejsze rzeczy. Zdjęcia, świadectwa, listy, pamiątki. Poza tym początek powieści, którą kiedyś zamierzał skończyć, dwa wiersze, które kiedyś napisał mamie na Dzień Matki. Pamiątki. Do nich Łukasz zawsze przywiązywał ogromną wagę.

Łukasz – przywiązuje dużą wagę do pamiątek

Krzyżak – tak nazywał się ten folder.

*

– *Króla Lwa*? Tato, to jest film dla małych dzieci. Nudny.

– Kiedyś go lubiłeś – powiedział ojciec Łukasza.

Nareszcie się spotkali, ale nie mogli wymyślić, co będą razem robić. Chociaż obaj się starali, nic jakoś im nie szło.

– Ale w przedszkolu. Teraz mam go oglądać?

– No dobrze, to coś innego.

– A muszę coś oglądać? Wiesz, pokazałbym ci moje zdjęcia robione w makro. Mam kilka fajnych pająków…

– Muszę zadzwonić.

– To dzwoń, ja poczekam.

– Ale… No dobra, potem zadzwonię. To co, pokazuj te zdjęcia w makro… – tata spojrzał na zegarek.

Przez głowę Łukasza przemknęła nagle myśl, że tatuś nie chce dzwonić przy nim... Co kilka minut zerka na zegarek, a mówił, że ma dziś czas tylko dla niego.

– To co jemy?

– Mama zostawiła nam pomidorową i gołąbki.

– E... Chce ci się jeść pomidorową i gołąbki? Zresztą mama słabo gotuje, nie? To co? Pizza? Hamburgery?

> Tata Łukasza –
> krytykuje mamę Łukasza

– Jasne! Jedno i drugie!

– Dobra, jedno i drugie.

Obaj jednocześnie rzucili się do drzwi. Śmiejąc się i przepychając, wyszli na korytarz – bardzo zadowoleni, że wreszcie jest im razem wesoło. Gdy wychodzili z podwórka, nadjechała Ola.

– Cześć, Ola! To jest mój tatuś! – krzyknął Łukasz, ale zaraz tego pożałował, bo Ola w biegu zeskoczyła z roweru i podeszła do nich.

– To co? Już wolno ci ze mną rozmawiać? – syknęła.

– Ola, bo ja wtedy... Adam... To jest mój tatuś – powtórzył z naciskiem.

– I co z tego? To nic dziwnego, że masz tatusia.

> Ola – złość na Łukasza

Każdy ma. Są ważniejsze sprawy. Na przykład ta, że jesteś mazgaj i tchórz i przez ciebie straciłam cienkopisy. Nigdy ci tego nie daruję!

– Ola...

– Nigdy!

Ola wskoczyła na rower i pognała przed siebie. O mało nie wpadła na wilczura, a po chwili znikła Łukaszowi i jego ojcu z oczu.

– Co to za dziewczynka?

– Z klasy.

– Dlaczego nazwała cię tchórzem?

– Oj, tato.

– Żadne „oj, tato". To rezolutna dziewczynka. Musi mieć rację. Przemyśl, co jej zrobiłeś. Jak ona zasuwa na tym rowerze... Niesamowita! Zeskoczyła dosłownie w biegu, widziałeś?

> Tata Łukasza – o Oli

– No... Ona jeździ najlepiej na świecie – powiedział Łukasz.

– Ładna, prawda?

Łukasz podniósł wzrok i spojrzał na ojca, czy czasem z niego nie żartuje, ale nie. Tatuś miał poważną minę.

– Bardzo ładna – potwierdził Łukasz i zrobił się czerwony jak burak.

– Pamiętaj, synku: dziewczyna musi być ostra, a nie taka... rozmemłana jak twoja matka. Zapamiętaj sobie, wybieraj tylko ostre facetki. A ta... rowerzystka to prawdziwa... – ojciec chwilę się zastanawiał – żyleta! – wypalił i zaczął się śmiać.

Tata Łukasza – krytykuje mamę Łukasza

– Żyleta! – zaśmiał się Łukasz i obaj na znak porozumienia klepnęli się w otwarte dłonie.

– No i co, chodzisz z nią? – bez skrępowania zapytał ojciec.

– Oj, tato!

– Nie „oj, tato", tylko bierz się do roboty, bo ci ją ktoś sprzątnie sprzed nosa. Mówię ci, żadnych romantycznych, rozlazłych księżniczek. Mocne, silne baby, pamiętaj. Całowałeś się już z nią?

– Oj, tato, co ty!

– No to na co czekasz? Życie jest krótkie i ważnych spraw nie ma co odkładać. Masz ochotę na coś do picia?

– Jasne!

O tej rozmowie z tatą Łukasz mamie nawet nie wspomniał. Dużo myślał o jego słowach i stwierdził, że istotnie Olka to najostrzejsza dziewczyna, jaką zna. I skoro tatuś ją popiera to... to trzeba by... trzeba by coś konkretnego zrobić. Tylko co? Myślał i myślał o całej tej sprawie. W nocy bardzo długo nie mógł zasnąć. Wciąż odtwarzał w myślach moment, gdy Ola w pełnym biegu zeskoczyła z roweru i zaczęła na niego wrzeszczeć i aż uśmiechał się do tych wspomnień. Potem słuchał w myślach, jak tatuś mówi, że Ola jest ładna. Tak, to wspomnienie było dla niego szczególnie miłe: ładna. Tata powiedział głośno to, co Łukasz myślał już od bardzo dawna, czyli od jakichś dwóch tygodni.

Łukasz – podoba mu się Ola

A potem... wciąż się zadręczał, przypominając sobie chwilę, kiedy powiedział: „Teraz nie mogę". Ile by dał, żeby cofnąć czas, żeby wtedy przy Adamie powiedzieć: „Już idę". Tylko tyle. Jedno głupie, marne „Już idę". Taka maleńka zamiana. Ile by teraz dał za to, żeby zmienić tamte słowa!

Żal Łukasza spowodowany wybraniem Adama, a nie Oli

ROZDZIAŁ IX

Ola

Ola rytmicznie otwierała i zamykała drzwi szafy, obserwując siostrę. Basia po raz kolejny zmieniała białe ubranie na inne białe ubranie. Teraz zdejmowała szeroką, białą, jakby pogniecioną spódnicę i wkładała wąską białą mini z mnóstwem kieszeni na suwak.

Basia – upodobanie do białych strojów

– Idziesz gdzieś?

– Nie.

– To po co się tyle razy przebierasz?

– Po nic.

– Jak po nic, to włóż szlafrok.

– Odczep się i bardzo uprzejmie cię proszę, siostrzyczko moja jedyna, zrób, do diabła, porządek u siebie, bo ten twój Łukasz zawsze się gapi na koty na podłodze...

Ola – brak dbałości o czystość

– Jaki znów mój? On dziś przychodzi?

– Tak. Czemu się krzywisz?

– Głowa mnie boli.

– Olka, jeśli myślisz, że teraz udasz ból głowy, a ja się będę tym wymoczkiem zajmować, to się mylisz.

– Co to jest wymoczek?

Basia – o Łukaszu

– To taki chłopak jak ten twój Łukaszek – powiedziała Baśka.

Zdjęła wąską mini i włożyła białe rozszerzane spodnie.

– On nie jest mój!

– Przestań wrzeszczeć. Nie jest twój? OK. Jest Marceli.

– Co?! Dlaczego Marceli? Ty coś wiesz? Jego mama coś ci mówiła?

– Olka, puść mnie. Pogniotłaś mi całą bluzkę i muszę zmienić. Nikt mi nic... O, dzwonek. Ja otwieram, a ty się schowaj.

Zanim Ola zdążyła po raz drugi zapytać siostrę, dlaczego uważa, że Łukasz jest Marceli, do ich

Przyjście do Basi jej nowego chłopaka

mieszkania wszedł chłopak, którego Ola nigdy wcześniej nie widziała. W pierwszej chwili pomyślała, że to znów Paweł do Baśki przychodzi, bo był niemal identyczny. Ale nie, ten miał klapki na stopach, a Paweł zawsze nosił adidasy. Poza tym Ola nie widziała żadnej różnicy. Obaj byli tak samo ponurzy, smętni i z długimi włosami.

– To jest Oleńka, moja młodsza siostrzyczka – powiedziała Baśka.

Ola aż zamrugała oczami, bo myślała, że to jednak Paweł, ale skoro Baśka ją przedstawia, to znaczy, że to nie może być on.

Nie bardzo widziała jego twarz, bo był identycznie jak Paweł kudłaty. Bluza, spodnie, torba – wszystko niemal identyczne. Może ten trochę mniej się garbił...

– Nosisz klapki?

– Tak, uznaję tylko klapki.

– A zimą też?

– Olka, idź do siebie i zrób porządek.

– Ale on powiedział, że uznaje tylko...

– Olka...

– Dobra, ale sama mówiłaś, że chłopak w klapkach...

– Olka!

– Dobra, już idę. To jak masz na imię?

– Czapon.

– Czapon? Fajnie. Zapiszę sobie. No dobra, wiem że to nie imię. Już idę. O, dzwonek!

Na progu stał Łukasz.

– O, Łukaszek. Już jesteś? – zaćwierkała Basia.

Łukasz zaczął wycierać buty o wycieraczkę. Było zupełnie sucho, a on wycierał i wycierał.

– Wejdź, nie zjem cię – powiedziała Olka.

Złapała Łukasza za rękaw koszulki i wciągnęła do mieszkania.

Basia ze swoim Czaponem weszli do pokoju Baśki i zamknęli drzwi, a Ola została sama z Łukaszem.

– Ola?

– Co?!

– Chcę cię spytać o coś bardzo ważnego – powiedział Łukasz i zrobił się cały czerwony.

– No to pytaj.

Oli nagle serce zaczęło bić strasznie szybko i głośno. Sama nie wiedziała, dlaczego tak się zdenerwowała, bo niby o co ważnego mógł ją pytać ten głupi zdrajca.

– Ola, bo ja bym chciał... tego... żebyś ty ze mną... żebyś... stanęła przy mnie, jak jutro nam będą robić klasowe zdjęcie.

– A nie chcesz stać przy Adamie? – zapytała złośliwie, ale widząc, jak Łukasz się męczy, szybko dodała: – Dobra, nie ma sprawy. Chcesz coś do picia?

Nagle poczuła wielki zawód, jakby ktoś zabrał jej coś bardzo ważnego, bez czego nagle odechciało jej się żyć.

> Ola – nie uświadamia sobie, że bardzo zależy jej na Łukaszu

Po kilku minutach Łukasz uroczyście ją przeprosił, że wtedy przy Adamie tak głupio się zachował, a Ola szybko mu wybaczyła.

> Pogodzenie się dzieci

Potem wszystko potoczyło się jak zwykle. Zaczęli odrabiać lekcje, z czym Łukasz uporał się błyskawicznie, a Ola wciąż nie mogła nawet zacząć. Potem skrzyczała Łukasza, że pisze prace Adamowi, potem się pokłócili, które z nich bardziej uważa, że Marcelina jest głupia, potem zjedli kanapki, a potem Oli znów chciało się pić, więc wzięli wodę i poszli na balkon. Akurat zachodziło słońce i buzia Oli była w tym świetle całkiem pomarańczowa. Łukasz żałował, że nie wziął aparatu. Już chciał to powiedzieć, gdy Ola nagle zaczęła krzyczeć i rzuciła swoją szklankę w róg balkonu.

> Ola – strach przed pająkami

– Co się dzieje? Olka, daj spokój, to tylko pajączek. Mały, nieszkodliwy pajączek. Zobacz, jak on się boi...

– Zrób coś! Co za potwór! To na pewno ta trująca czarna wdowa!

– Chodź, biedaku. No, już go nie ma. Ola, czarne wdowy nie żyją w Europie.

– Nigdy nie wiadomo... Może przyleciała samolotem?

– Ty się aż tak boisz pająków? Przecież one są piękne. I niegroźne. Musisz to...

– Nie kończ! Wiem, co chcesz powiedzieć, więc ja ci powiem: a ty nie umiesz jeździć na rowerze! Musisz się nauczyć. To nic trudnego! – odcięła się Ola.

Słońce właśnie osiągnęło ten najładniejszy moment, kiedy dotyka już horyzontu i jeszcze oświetla ziemię, jakby otulało ludzi swoimi ciepłymi promieniami.

– Ola…

– No…

– Wiesz, jesteś bardzo ładna – szepnął Łukasz i spuścił wzrok.

Komplement jako
wyznanie uczuć

Ukucnął i zaczął zbierać kawałki potłuczonej szklanki. Ola chwilę się zastanawiała, co się w takiej sytuacji mówi. Czy powinna powiedzieć, że wie, czy raczej „no coś ty". Na wszelki wypadek powiedziała:

– Ty też.

Ukucnęła koło Łukasza i razem w kompletnej ciszy zbierali odłamki szkła. Kiedy już wszystko wysprzątali, należało wstać i opuścić balkon, odejść od tej dziwnej, ale bardzo dla nich miłej ciszy. Wtedy Łukasz odwrócił szufelkę i całe szkło z powrotem znalazło się na balkonowej terakocie. Ola zerknęła na niego i lekko się uśmiech-

Przedłużanie przez
dzieci pięknej chwili

nęła. Znów w miłej ciszy zaczęli zbierać odłamki szkła.

*

Późnym wieczorem, gdy Ola już była bardzo zmęczona i od kilku minut tylko ziewała jak hipopotam, mama kazała jej zadzwonić do babci.

– Przecież to samotna starsza osoba. Jeszcze zobaczysz, jak to jest siedzieć w domu całkiem samej. Babcia ma tylko nas i nie wolno o tym zapominać. Może babcia tam płacze, bo nikt do niej nie dzwoni? Chcia-łabyś, żeby cały świat o tobie zapomniał? – zakończyła dramatycznie.

Ola zadzwoniła do babci.

– Nikt nie odbiera… O, cześć, babciu. Co robisz…? Serio? Fajnie… A co licytujesz?… Mikser…? A, rozumiem… część ci potrzebna… faj-nie… kiedy się kończy licytacja…? W szkole normalka. Zdjęcie klasowe nam robili… Co…? Tak, do legitymacji od razu też… Marcelina, ale już

Ola – stosunek do Marceli

jej nie lubię… nie wiem dlaczego… nie, nic się nie stało, tak po prostu… Poza tym… a tak, pani mnie wyznaczyła do konkursu… mnie i jeszcze jednego chłopaka, Łukasza… tylko dwie… tak, to jest konkurs dzielnicowy w rzucaniu lotkami do celu… Fajny, ja też tak myślę…

Ola – o Łukaszu

mnie, bo ja tak mocno rzucam, że zawsze trafię, i pani mówi, że się może w tym wyżyję… A jego… bo on jest taki... – Ola chciała powiedzieć „ślamazarny", ale to słowo nie mogło jej jakoś przejść przez usta – ...skupiony. No, racja... Babciu! Wiesz, Baśka ma nowego... No, Czapon... nie nazwisko, taka ksywka, przezwisko takie... Wiesz, babciu, to niesprawiedliwe, że mama mi przegląda szuflady, a jak przychodzi ten Czapon, to mogą po ciemku w pokoju siedzieć... Tak, stoi tu koło mnie i mi wyrywa... to cześć, babciu, daję ci mamę... jasne, że wygram...!

> Ola – poczucie nierównego traktowania jej i siostry

Ola podała mamie słuchawkę i poszła prosto do łóżka. Chciała jeszcze troszkę pomyśleć o tym, jak Łukasz sprytnie stanął koło niej na klasowym zdjęciu i nikt, na pewno nikt nie widział, ale stał tak blisko, aż czuła przez bluzkę

> Ola – stosunek do Łukasza

jego ciepło. Teraz oboje po lekcjach ćwiczą do tego konkursu i Łukasz śmiesznie się skupia przed każdym rzutem. Fajnie, że jutro w szkole go zobaczy. Z Łukaszem może nawet oglądać *Toy Story*. Nigdy nie lubiła tego filmu, a teraz, kiedy Łukasz jej powiedział, że to jego absolutnie ulubiony, nie rozumie, jak mógł wydawać jej się nudny. O tym wszystkim chciała sobie pomyśleć, leżąc w łóżku, ale nie zdążyła, bo zasnęła, ledwie przytknęła głowę do poduszki.

*

– Olka, zaczekaj! Muszę ci coś powiedzieć!

Zadyszana Marcela podbiegła do Oli. Stanęła w rozkroku, pochyliła się, oparła dłonie na kolanach i dysząc, odpoczywała.

– Ty, zobacz, jakie fajne światło. Zdjęcie byłoby dobre, co nie? – powiedziała Ola i złożyła kciuki z palcami wskazującymi tak, że tworzyły kwadrat.

> Ola – zaczyna interesować się tym, co Łukasz

– Czy ty mnie w ogóle słuchasz?

– Słucham, oczywiście. Psy są śliczne i coś tam.... Mogę iść je zobaczyć.

– Serio? To chodź! Pokażę ci mojego ulubionego!

– A jak tam moje cienkopisy? Zniszczyłaś kartkę?

> Marcela – zainteresowanie szczeniętami

– A co ci tak zależy?

– Nie zależy mi – powiedziała Ola. – Podarłaś czy spaliłaś?

– Podarłam.

– A co zrobiłaś ze strzępkami?

– Wyrzuciłam do kosza.

– Do kosza? A jak ktoś znajdzie i poskłada? Nie widziałaś na filmach? Zawsze grzebią w śmieciach i potem po kawałeczku składają.

– Kto będzie składał strzępki?

– Nie wiem kto. Ktoś zawsze może. Dobra, chodź już wreszcie.

– Wiesz co? Ten cały Łukasz jest okropny. Wszyscy się z niego śmieją! Uważaj, żeby i z ciebie nie zaczęli się śmiać, że on tak do ciebie przychodzi.

Ola – staje w obronie Łukasza

– Przychodzi, to przychodzi, co komu do tego…

– Nikt w klasie go nie lubi. Adam mi mówił, że to straszny palant.

– Sam jest palant. Które to piętro? Marcela, przestań tak dyszeć. Wiem, że udajesz. Które piętro?

– Trzecie. I jeszcze Paweł mi mówił, że on jest najgorszy na wuefie. Nikt z nim nie chce ćwiczyć.

– A o matmie nic nie wspominali? A o tym, że Łukasz Adamowi--tępakowi prace domowe robi, też ci mówili? A o tym, że on zawsze trafia lotkami, jak razem ćwiczymy? Dla nich tylko wuef i wuef.

– Przecież to twój ulubiony przedmiot…

Ola – zaczyna interesować się tym, co Łukasz

– Był. Kiedyś. Dawno temu. Teraz wyrosłam. Wiesz, że matematyka to królowa nauk? – powiedziała z powagą Ola.

– Olka, nie leć tak, błagam cię.

– O rany, chodź! Chcę je obejrzeć i mieć to już z głowy – wyznała szczerze Ola.

Marcelina przystanęła na chwilę, zastanawiając się, czy ma obrazić się na Olę, czy raczej udać, że nie zrozumiała. Wybrała to drugie.

Pieski były cudne. Dokładnie tak urocze jak powinny być dwutygodniowe szczeniaczki. Ola nie mogła się od nich oderwać. Brała na ręce każdego, całowała, głaskała, pieściła. Była tak zachwycona, że dopiero po jakimś czasie dotarło do niej, że Marcela tylko klęczy koło niej i nie bierze żadnego na ręce, co najwyżej pogłaszcze. Wy-

Marcela – dziwne zachowanie w stosunku do szczeniąt

dało jej się to dziwne, ale nie spytała o to, bo zaraz miał do niej przyjść Łukasz i musiała się już śpieszyć, więc tylko wylewnie podziękowała sąsiadce, obiecała po raz setny, że na pewno powie, komu tylko się da, że są śliczne szczeniaczki do oddania, i wyszły.

– Co teraz będziesz robić? – zapytała Marcela i Ola zrozumiała, że Marcela chce spędzić z nią to popołudnie.

– Idę z mamą do lekarza.

– Tak? Do jakiego?

Ola – okłamuje Marcelę

– Do takiego od nosa, bo mnie boli.

– A na którą idziesz?

– Zaraz, tylko jeszcze muszę umyć nogi, i to mydłem – palnęła bez zastanowienia Ola i zaczęła biec. – Cześć! – dorzuciła, gdy była już porządnie rozpędzona.

– To cię odprowadzę!

Ola niechętnie zwolniła i poczekała na Marcelę. Tuż przed klatką wpadła na Baśkę, uwieszoną na ramieniu kudłatego Czapona.

– O, mała, dobrze, że jesteś. Mama wróci późno. Dzwoniła mama Łukasza, że on za dziesięć minut do nas przyjdzie. Zróbcie sobie tosty, ser kupiłam ten, co lubisz. I odkurz, bo on zawsze na te koty się tak gapi. To cześć. My idziemy do kina.

– Cześć – powiedziała Ola, starając się, żeby nie spojrzeć na Marcelę.

Nie spojrzała, ale czuła jej wzrok na sobie – palący, przewiercający na wylot. Ola wpadła na klatkę schodową z takim impetem, jakby od tego zależało jej życie.

– Cześć, Marcela! – krzyknęła bardzo głośno i pognała po schodach.

Marcela coś za nią krzyczała, ale Ola pędziła jak szalona. Za nic w świecie nie chciała, żeby Marcela teraz do niej weszła – choćby na sekundę.

*

– Ola, a co wy robicie tak po ciemku?

– Oglądamy *Króla Lwa*.

– Aha, i jak?

– Bardzo fajny. Wciągający. Niesamowita akcja – szczerze powiedział Łukasz, któremu w towarzystwie Oli *Król Lew* wydawał się filmem nad filmami.

– Genialny film – poważnym tonem dodała Ola. – Wiesz, mamo, że to na podstawie Szekspira? Tatuś Łukasza tak mówi… że to *Hamlet*.

– Wiem, wiem… – bez zainteresowania mruknęła mama. – Tylko po co się tak zamykacie? Proszę, żeby drzwi do pokoju były zawsze otwarte.

Ola – poczucie nierównego traktowania jej i siostry

– A Baśce zawsze sama zamykasz. Jak przyszedł do niej ten zakudlony Czapon, to od razu zamknęłaś im drzwi – powiedziała z pretensją w głosie Ola.

– Basia to co innego. Ma prawo do prywatności. Jest prawie dorosła, a to jest jej chłopak. Jak będziesz w jej wieku… Jedliście coś? Tosty? To dobrze. Mam piękne malinówki. – Mama wyszła do kuchni.

– Lubisz malinówki? Bo ja uwielbiam. Te wrześniowe są najlepsze. Mogę ich zjeść tonę – powiedziała Ola i zmieniła pozycję na fotelu. Zdjęła nogi z poręczy i zarzuciła na oparcie fotela.

– Ja też uwielbiam malinówki. Lubię jeszcze boikeny, te małe, kwaśne… i antonówki też, ale malinówki najbardziej.

– Mają najfajniejszą skórkę ze wszystkich, dobrze się trzyma.

– Czego się trzyma? Jabłka? – nie zrozumiał Łukasz.

– Nie jabłka, tylko twarzy. Nie robiłeś tak nigdy? Delikatnie obgryzasz skórę z jabłka i przyklejasz sobie do twarzy. Do nosa, do czoła i do brody, bo na policzkach to trzeba się nie śmiać, żeby nie odpadły. Naprawdę nigdy tak nie robiłeś?

– Jakoś nie – wolno odpowiedział Łukasz. – Ja lubię duże, takie bez skazy. O! Bez „Skazy" – roześmiał się Łukasz.

– Bez skazy! Ja też lubię takie… no, idealistyczne.

– Idealne, właśnie. Zawsze jak tatuś kupuje albo mama, to sam wybieram, żeby były ładne i duże.

– No, jabłko to musi być porządne. Wiesz, słyszałam gdzieś, nie wiem gdzie, że jak na jabłku jest skaza…

– Znów Skaza.

Ola i Łukasz – śmieszą ich te same rzeczy

Oboje zaczęli się śmiać. Łukasz siedział wyprostowany i tylko usta i oczy mu się śmiały, a Ola zgięta wpół tarzała się w fotelu. Nie pierwszy raz przy oglądaniu filmu dostali nagle ataku śmiechu. Uspokoili się dopiero po dłuższej chwili.

– Właśnie, jak jest skaza, to się już nie powinno jeść. Słyszałeś o tym?

– Słyszałem.

Po chwili weszła mama i postawiła przed nimi talerzyk z dwiema malinówkami. Obie były czerwone z zielonymi pręgami, jak to malinówki, i na obu były kropelki wody. Mama chyba nieuważnie je wybierała, bo jedna była wyraźnie obita. Za to druga stanowiła modelowy okaz idealnego jabłka.

– Jedzcie, dzieci – powiedziała mama i wyszła z pokoju, zostawiając drzwi na oścież otwarte.

Na ekranie Nala właśnie odnalazła Simbę i oboje cieszyli się z tego spotkania, tarzając się w krystalicznie czystym leśnym jeziorku. Ola i Łukasz siedzieli w ciszy. Żadne z nich nie patrzyło na ekran. Oboje wpatrywali się w talerzyk, na którym leżały dwie malinówki – ładna i brzydka. Nagle niemal w tej samej chwili oboje wyciągnęli ręce.

– Ja biorę tę! – powiedział Łukasz.

– Dla mnie ta! – powiedziała jednocześnie Ola.

Oboje sięgnęli po tę samą, gorszą malinówkę.

> Wybór brzydszej malinówki
> przez oboje dzieci

ROZDZIAŁ X

Łukasz

Łukasz siedział na tylnym fotelu w samochodzie i patrzył na panią Iwonę. Widział ją pierwszy raz w życiu, zresztą nigdy przedtem nie poznał żadnej tatusia koleżanki z pracy. Pani Iwona była pierwsza. Siedziała koło tatusia, ale cały czas się odwracała i zagadywała do Łukasza. Wypytywała go o szkołę, żartowała z jego nauczycieli, śmiała się z jego żartów.

Pani Iwona – chęć przypodobania się Łukaszowi

Była bardzo miła i oczywiście od razu powiedziała, że Łukasz ma zęby w porządku i niepotrzebnie się tylko męczy z tym aparatem. Łukasz, chociaż nie bardzo wiedział, dlaczego pani Iwona jedzie razem z nimi, z miejsca ją polubił. Pokazał jej nawet klasowe zdjęcie, które ze sobą zabrał, bo dostali je w szkole dopiero wczoraj i nie zdążył się jeszcze na nie napatrzeć. Pani Iwona kolejno wypytywała go o każdą osobę, a na koniec stwierdziła, że Łukasz świetnie wyszedł.

– A co to za dziewczynka koło ciebie, Łukaszku? – ojciec, który prowadził auto, zerknął na zdjęcie. – Wiem! To ostra facetka! Ładnie wyszła, najładniej z całej klasy.

Pani Iwona – o Oli

– To prawda. Bardzo fajna. Tylko dlaczego taka potargana? – zaśmiała się pani Iwona.

– Ona taka jest.

– Właśnie – wtrącił ojciec. – Taka jest! Lubimy ostre facetki, prawda, synu?

Łukasz nie miał pojęcia, co powiedzieć, więc tylko burknął coś niewyraźnie.

– A jak się nazywa? – zapytała pani Iwona.

– Ola, to znaczy Aleksandra Mróz – odparł Łukasz i sam nie wiedząc czemu, zrobił się czerwony.

Nagle pomyślał, że przez ten wyjazd nie zobaczy Oli przez dwa i pół dnia. Strasznie długo.

– A ten kolega?

– To jest Adam…

O każdej osobie Łukasz opowiedział pani Iwonie, a ona nie dość, że wcale się nie znudziła po trzech osobach, to do samego końca śmiała się z jego dowcipnych uwag, a potem się odezwała:

– Twój tatuś mi mówił, że masz niesamowitą pamięć i jesteś bardzo inteligentny. To wiecie co? Teraz sprawdzimy, jak jest z moją pamięcią. Zobaczymy, ile zapamiętałam. Ten tutaj to Adam. Ta dziewczynka to Marysia... nie, Marcysia... Tego przystojniaka znam, to jest Łukasz. A ta potargana ostra facetka to... zaraz, zaraz...

Pani Iwona – o Łukaszu

– Olga! – krzyknął tata. – Czyli Olka. Bardzo ładne imię. Coś słabo z twoją pamięcią, droga pani Iwono – zaśmiał się tatuś i Łukasz pomyślał, że pani Iwona się teraz obrazi i, tak jak w domu, zrobi się niemiło. Ale nie...

Tata Łukasza – myli brzmienie pełnego imienia Oli

– Ty, Makary, pilnuj lepiej drogi. Mądrala się znalazł. O, jak krzywo jedziesz! Jednak masz rację, z moją pamięcią nie najlepiej. A jak właściwie pan ma na imię, bo jakoś zapomniałam... Coś na „em" zdaje się. – Pani Iwona popatrzyła na tatusia. – Makaron, prawda? Makaron czy raczej kluska... Już wiem! Kluska! Tak, na pewno kluska! A na nazwisko?

– Z sosem – krzyknął Łukasz i cała trójka parsknęła śmiechem.

Nikt na nikogo się nie obraził. Gdy przestali się śmiać, tatuś zapytał:

– Łukasz, zeszyty zabrałeś? Twoja matka głowę mi urwie, jak nie odrobisz lekcji.

– Już odrobiłem. Zaraz po szkole, żeby mieć wolny czas. Zresztą mało zadali.

Łukasz nie wspomniał o tym, że zdążył odrobić nawet dwa razy, bo dla Adama też.

Łukasz – odrabia lekcje za Adama

– Widzisz, jakiego mam syna! – z dumą powiedział ojciec. – Już zrobił lekcje, zaraz po szkole. Moja krew!

– Akurat! – zaśmiała się pani Iwona. – Co tam masz, Łukaszku?

– To są rzutki. Ja i... jeszcze jedna koleżanka, ta Ola, bierzemy udział w konkursie. Jej babcia kupiła nam na Allegro fajne rzutki. To mój komplet. Ona ma swój, taki sam.

– Pokaż! Fajny... Mówisz, że jej babcia na Allegro kupiła?

– To musi być...

– Ostra facetka... – zaśmiał się ojciec.

Łukasz najpierw pomyślał, że nie zna babci Oli, a zaraz potem, że właściwie szkoda, że Ola z nimi nie pojechała. Mogliby razem poćwiczyć rzuty i w ogóle… i nagle, mimo że było bardzo fajnie, zrobiło mu się jakoś smutno.

Łukasz – smutno mu na myśl, że nie ma z nim Oli

Gdy po dwóch godzinach jazdy zjechali na leśny parking, Łukasz podszedł do ojca i cicho zapytał:

– Tato, kto to jest?

– Pani Iwona? Moja koleżanka z pracy.

– Po co z nami jedzie?

Tata Łukasza – okłamuje syna

– Mówiłem ci, że mam masę pracy, a pani Iwona mi pomaga. Musimy na poniedziałek zrobić pilne tłumaczenie, a ponieważ bardzo chciałem ten weekend spędzić z tobą, więc ona pojechała z nami, innego wyjścia nie było. Rozumiesz?

– Uhm. A mama ją zna?

– O czym rozmawiacie? – pani Iwona podeszła do nich.

– Łukasz pyta, czy jego mama cię zna.

Tata i pani Iwona popatrzyli na siebie i uśmiechnęli się. Pani Iwona nachyliła się do Łukasza.

– Jeszcze nie zna, ale pozna. Kiedyś na pewno mnie pozna – powiedziała i klepnęła tatusia w ramię. – Berek!

Tatuś błyskawicznie klepnął w plecy Łukasza i wszyscy troje, śmiejąc się i potykając o korzenie, zaczęli biegać po lesie. Łukasz dawno nie widział ojca tak wesołego, a gdy pani Iwona zdjęła buty, ojciec zaraz też to zrobił, więc Łukasz z przyjemnością do nich dołączył, chociaż bał się skaleczyć. W końcu zapomniał o tym, że biega boso, i wszyscy troje szaleli tak długo, aż ze zmęczenia padli na trawę.

– To co, jedziemy?

– Jedziemy! Kto ostatni przy samochodzie, ten zostaje!

Wszyscy troje rzucili się w stronę auta. Pani Iwona otworzyła drzwi, ale tatuś złapał ją wpół i przytrzymał.

– Łukasz, wsiadaj. Iwona nie jedzie!

– Łukasz, trzymaj ojca! Niech on nie jedzie! Nie daj mu wsiąść! Jedziemy bez niego. On zostaje! – śmiała się pani Iwona, ciągnąc tatusia za pasek.

Gdy już w końcu wszyscy troje wsiedli do samochodu i tatuś włączył silnik, przypomnieli sobie, że zostawili w lesie buty i skarpetki, i trzeba było po nie wrócić.

Nie mogli znaleźć miejsca, gdzie je zostawili, więc pękali ze śmiechu, wygłupiając się i wymyślając, do czego leśne zwierzęta wykorzystają ich buty i skarpetki.

– Czuję, że w mojej skarpetce jakaś badylarka[2] będzie miała młode.

– A w moich butach borsuk będzie trzymał telefon komórkowy – wypalił ojciec.

– O, jest! Na razie jeden!

– Łukasz, rzuć do mnie. I nie pokazuj ojcu, gdzie jest drugi!

Po przyjeździe na miejsce okazało się, że mają śliczny drewniany domek z pomostem wychodzącym prosto do jeziora. Tatuś zarządził wspólne pływanie przy zachodzie słońca, a pani Iwona krzyknęła:

– Niniejszym weekend uważam za rozpoczęty!

I wszyscy zaczęli się chlapać.

Łukasz zupełnie zapomniał, że miał wysłać mamie esemesa, gdy dojadą. Z wilgotnymi włosami siedzieli przy ognisku i piekli kiełbaski, które zabrała pani Iwona. Pyszne. Łukasz jeszcze nigdy takich nie jadł, zresztą mama rzadko kupowała kiełbaski, bo uważała, | Miło spędzony czas przez Łukasza, jego tatę i panią Iwonę

że są za tłuste dla dziecka. Pili smaczną herbatę i wymyślali zabawne piosenki. Tatuś zaśpiewał sam o sobie:

> *Zjem kiełbasę albo dwie*
> *oraz chleba jeszcze chcę,*
> *oraz wody dla ochłody,*
> *bo się czuję taki młody!*

Śmiali się z tatusia, kiedy zadzwoniła komórka Łukasza.

„Mama" – wyświetlił się napis.

Mama była zła jak osa. Nawrzeszczała na Łukasza, a potem na tatusia, że się nie odezwali. Dzwoni od dwóch godzin. Co robią, że nie słyszeli telefonu?! Już myślała, że mieli wypadek.

Po tej rozmowie z mamą nastrój jakoś prysł i już nie było tak fajnie. Gdy Łukasz dojadał swoją kiełbaskę, | Łukasz – o mamie

pomyślał: „Mama zawsze wszystko psuje".

*

---

[2] *badylarka* – niewielki ssak z rodziny myszowatych. Buduje kuliste gniazda na łodygach.

Następnego dnia też była wymarzona pogoda. Rano zaczęli od kąpieli, potem w mokrych kostiumach zjedli śniadanie na pomoście. Łukasz był pewny, że teraz każą mu się zająć sobą, a oni będą pracować, ale nic takiego się nie stało. Razem z tatą zrobili prowizoryczne wędki i usiłowali łowić. Oczywiście bezskutecznie, bo która ryba nabierze się na wędkę z wierzbowej gałęzi i plastikowego sznurka? Śmiechu było co niemiara, gdy tatuś cichutko wskoczył do wody i udał, że jest rybą, którą Łukasz złowił. Potem pani Iwona oznajmiła, że jest głodna jak wilk, więc tak jak stali – w szortach i koszulkach – pojechali do restauracji.

– Mama kazałaby mi się umyć, uczesać i przebrać – powiedział ze śmiechem Łukasz.

Śmianie się z mamy Łukasza przez niego, jego tatę i panią Iwonę

– Łukasz, a pamiętasz, jak mama kazała nam zawracać z drogi, kiedy jechaliśmy z Rabki, bo przypomniała sobie, że zostawiła niewyrzucone śmieci, i wstyd jej było, co gospodyni sobie o niej pomyśli?

– Serio, z takiego powodu? No tak, to trudne do zniesienia – poważnie skomentowała pani Iwona.

– Oj, mama tak zawsze…

– To prawda. A pamiętasz, jak…

Pani Iwona śmiała się do rozpuku, gdy Łukasz i tatuś mówili o różnych mamy dziwactwach. W końcu powiedziała:

– Wiecie co? Zapomnijcie o mamie i korzystajmy z życia. Łukasz, na co masz ochotę?

– A mogę pizzę? – zapytał nieśmiało Łukasz.

– Jasne! Dlaczego masz nie móc?

– Bo mama mi nie pozwala…

– Ale tata pozwala. Ile chcesz? Dwie? Trzy? Cztery?

– Kupmy mu cztery pizze. To wielki facet, musi jeść! – tata objął Łukasza ramieniem, a Łukasz pomyślał, że to najmilsze dni w jego życiu.

Łukasz – dobrze się czuje bez nakazów mamy

Ani tatuś, ani pani Iwona nic mu nie kazali. Nikt nie powiedział, że ma iść poczytać, poćwiczyć nogi, umyć zęby, założyć aparat, nie jeść tego lub koniecznie zjeść coś innego. Nikt nie miał pretensji, że nie bardzo szło mu wiosłowanie w kajaku ani że rozbił szklankę.

Kiedy wracali, pani Iwona powiedziała, że z tą świeżą opalenizną Łukasz wygląda na dużo starszego i że nie myślała, że facet w tym wieku może być taki fajny. Gdy się żegnali, mocno uścisnęła Łukasza i zapytała:

– To co, musimy częściej takie weekendy powtarzać, prawda?

– Jasne. Najlepiej co tydzień. Było wspaniale!

Pani Iwona została w samochodzie.

Kiedy szli po schodach, ojciec się odezwał:

– Aha, Łukasz, mam taką sprawę. Nie mów nic, że ktoś był z nami. Dobrze? Wiesz, jaka jest mama... Zaraz by się zaczęła pytać i wydziwiać...

Tata Łukasza – nakłania syna do kłamstwa

– To co mam jej powiedzieć?

– Nic. To znaczy opowiedz jej dokładnie, co robiliśmy, tylko tak jakbyśmy tam byli sami. To co, sztama?

Łukasz chwilę pomyślał. Wcale mu się nie uśmiechało oszukiwanie mamy, ale ojciec już wyciągnął do niego dłoń...

– No, równy z ciebie syn. A jak tam stoisz z kasą na karcie? Może ci doładować?

*

– Obaj jesteście kompletnie nieodpowiedzialni! Dlaczego wracacie tak późno? A lekcje Łukasza? Jak ty wyglądasz? Czesałeś się w ogóle przez te dwa dni? On się ledwo na nogach trzyma! O której wczoraj poszliście spać?

Mama Łukasza – podważa przy Łukaszu autorytet jego taty

– O drugiej... – szczerze powiedział Łukasz – ale dziś wstaliśmy o jedenastej, więc...

– Pięknie go wychowujesz. Całkiem rozregulowałeś mi dzieciaka. Łukasz, do wanny i zaraz ćwiczysz nogi...

– Ty wiesz, jak on genialnie rzuca do celu?! Ma fajny komplet rzutek. Jestem pewien, że wygra ten konkurs.

Łukasz – celnie rzuca do celu

– Konkurs? Jeszcze nie wiem, czy mu w ogóle pozwolę. Rzucanie do celu... No tak, mogłam się spodziewać, że to poprzesz. To w twoim stylu. Łukasz, co ty tu jeszcze robisz? Torbę rozpakuj, przecież nie będzie stała tak przez całą noc.

– Daj spokój. Już późno, jutro rozpakuje...

– Bądź uprzejmy się nie wtrącać, dobrze? A poza tym...

– Ja już idę. Cześć, Łuki!

Łukasz pomyślał, że mama jest okropna. Po prostu zwyczajnie okropna. O wszystko się czepia, nawet konkurs jej się nie podoba. Nic jej się nie podoba. A na dodatek cały wieczór chodziła zła jak osa. Nie odzywała się do Łukasza, jakby była na niego obrażona.

Mama Łukasza – lekceważy sprawy ważne dla Łukasza

Kiedy Łukasz, chcąc przełamać lody, zapytał mamę, co sądzi o ich klasowym zdjęciu, ledwo na nie spojrzała.

Mama Łukasza – o Oli

– Ola jak zawsze nie może ustać spokojnie. Jak ona wygląda... Nawet do zdjęcia się nie uczesała. Nie wiem, czy to był dobry pomysł z tym...

Łukasz – staje w obronie Oli

– Ola bardzo ładnie wyszła! – niemal krzyknął Łukasz.

– Co się z tobą dzieje? Widzę, że wpływ ojca...

– Tatuś powiedział, że Ola wyszła najładniej z klasy, a ja wyglądam na starszego!

– Skoro twój tatuś tak powiedział... Wiesz co, dziecko? Idź spać. Ja muszę się napić kawy...,

I mama – mimo że była prawie dwunasta – zrobiła sobie wielką filiżankę wściekle mocnej kawy. Łukasz już nie widział, jak ją piła, bo usnął z uśmiechem.

*

Obudził go ból brzucha. Było mu niedobrze i czuł, że ma temperaturę. Wiedział, że w tym stanie mama nie puści go do szkoły.

Mama zmierzyła mu temperaturę i nie bacząc na to, że była dopiero piąta rano, zadzwoniła do ojca.

– Dzwonię w imieniu Łukasza. Makary, twój syn chciał ci serdecznie podziękować za opiekę.... Co się mogło stać? Ma ostry rozstrój żołądka.... Co z tego, że jest wcześnie! To twój syn...! A ja myślę, że jednak jakiś czas temu zapomniałeś...! Oczywiście, że musi zostać w domu. Wyjazd z tobą bardzo mu posłużył... Żegnam i życzę miłego dnia!

Mama przygotowała Łukaszowi kleik ryżowy, suchary, miętę i kazała ćwiczyć nogi za te wszystkie dni z tatą, zaraz po umyciu zębów założyć aparat. Łukasz poczuł wielką ulgę, gdy w końcu wyszła do pracy. Zjadł ryż, wypił miętę, umył zęby i wziął woreczek z grochem, żeby poćwiczyć. Jednak nie mógł się skupić na ćwiczeniach, bo cały czas wyobrażał sobie, co teraz Ola robi w szkole. Patrzył na zegarek, sprawdzał, jaka to lekcja, i wyobrażał sobie Olę, jak buja się na krześle, jak ciągle coś jej spada, jak nie wstając z krzesła, to podnosi…

Zaraz! Nagle go olśniło. Miał przecież masę zdjęć Oli w komputerze, a poza tym ich klasowe zdjęcie. Wziął je do ręki i zaczął oglądać. Bardzo się sobie na tym zdjęciu podobał. Nie dlatego, że jakoś szczególnie dobrze wyszedł, ale z całkiem innego powodu. Zerknął na zegarek i mimo że powinien jeszcze ćwiczyć dwadzieścia minut, wstał, włączył komputer, zeskanował zdjęcie, potem wykadrował tylko ich dwoje i ustawił sobie na cały ekran… Usiadł przed monitorem i znów zaczął ćwiczyć stopy.

Była dziesiąta sześć, gdy ktoś załomotał do drzwi. Łukasz zerwał się na równe nogi. Nigdy nie otwierał obcym, a to walenie spowodowało, że przez chwilę stał w przedpokoju zdrętwiały z przerażenia. Potem usłyszał, jak ktoś stojący na korytarzu wali pięścią w drzwi i krzyczy:

– Łukasz!

Wtedy Łukasz spojrzał przez wizjer. Przed drzwiami stała Ola – zziajana, zmęczona, z potarganymi włosami i ołówkiem w dłoni.

Natychmiast jej otworzył.

– Ola?! Co ty tutaj robisz? Nie jesteś w szkole?

– Jestem. Teraz mamy matmę i pani zadała cichą pracę, bo ma zastępstwo jeszcze w czwartej klasie, to wyszłam… zaraz wrócę, i tak nikt nie zauważy. – Ola spojrzała na bose nogi Łukasza.

– Przybiegłaś ze szkoły?

– No, a skąd? To tylko kawałek. Zaraz lecę.

– Jak ktoś zobaczy, to…

– To powiem, że byłam u pielęgniarki albo gdzieś tam.

– Coś się stało? Wejdź, to zamknę drzwi.

Ola weszła. Od razu zauważyła wielkie zdjęcie na monitorze w komputerze Łukasza. Aż zmrużyła oczy, żeby lepiej widzieć.

– Co robisz?

– Nic. Obrabiam szkolne zdjęcia.

– Aha.

Nagle zrobiło jej się bardzo przyjemnie i pomyślała, że to był dobry pomysł, że tu przybiegła.

– Bo wiesz, ten kretyn Adam tak mnie zdenerwował, że mało nie zwariowałam. Powiedział, że miałeś mu coś tam dać, a ty jesteś słowny i gdybyś żył, tobyś na pewno przyszedł do szkoły. I tak mnie zdenerwował tym mówieniem „gdybyś żył"…

Łukasz z niedowierzaniem na nią spojrzał. Ola, która przez cały czas wywijała ołówkiem, przekładając go z ręki do ręki, teraz nagle znieruchomiała.

– Przyszłaś sprawdzić, czy żyję?

– Tak.

– Ola...

– Normalka. Miałam tylko zobaczyć, czy żyjesz, a jeśli żyjesz, zaraz biegiem wrócić i przywalić Adamowi, że mnie zdenerwował.

– A... A gdybym nie żył? – zapytał Łukasz i zrobił się strasznie czerwony.

Wizja własnej śmierci w tym momencie wcale nie wydawała mu się jakaś szczególnie przykra. Dużo ważniejsze było, co Ola teraz odpowie. Zerknął na nią. Ona też czuła, że dzieje się coś ważnego, bo nagle wzięła ołówek w obie dłonie i... złamała go.

Ola – o tym, ile Łukasz dla niej znaczy

– Co bym zrobiła? Co ja bym zrobiła? Co mogłabym zrobić? – powtarzała w kółko. W końcu wcisnęła części ołówka do kieszeni spodni i odpowiedziała: – To ja bym się wtedy też zabiła!

Pocałowanie Łukasza przez Olę

Nachyliła się do Łukasza i szybko pocałowała go w nos. Chciała w policzek, ale źle wymierzyła odległość.

Nie czekając, co będzie dalej, rzuciła się do drzwi. Wypadła na korytarz i błyskawicznie znikła Łukaszowi z oczu.

ROZDZIAŁ XI

Ola

Ola bez celu kręciła się po mieszkaniu. Co chwila zerkała na zegarek. Normalna godzina przyjścia Łukasza już dawno minęła, ale ona wciąż miała nadzieję, że może jednak się pojawi. Bardzo tego chciała. Chciała mu dokładnie opowiedzieć, jak wykręciła Adamowi rękę i jak przy całej klasie głośno i wyraźnie ją przepraszał. Z drugiej strony czuła strach – nie dlatego, że mama znów się wścieknie, gdy przeczyta uwagę w dzienniczku, ale dlatego, że Łukasz przyjdzie. Przyjdzie i co? Co sobie powiedzą? Ola tak po prostu zacznie mówić o głupim Adamie, jakby nic się nie stało?

> Ola – rozwiązuje problemy siłowo

> Ola – skrępowana na myśl o spotkaniu z Łukaszem

Jednym ruchem odsłoniła firankę, wskoczyła na parapet i usiadła po turecku. Stukała palcami w szybę i myślała. Siedziała tak kilka minut, gdy zobaczyła, że z samochodu wysiada jej mama i mama Łukasza. Od razu ją zobaczyły i mama pogroziła jej palcem, żeby zeszła z parapetu.

– Łukasz nie przyjdzie? – zawołała Ola, gdy mamy były jeszcze daleko od drzwi, i jej pytanie poniosło się po korytarzu głośnym echem.

– Dzień dobry, Oleńko. Nie, zatruł się czymś na wyjeździe z ojcem i musi zostać w domu.

– Chory jest? To dlatego nie był w szkole?

– Tak. Ma gorączkę i boli go brzuch. Musi przez kilka dni być na diecie. Dziś masz wolne, nie musisz się z nim męczyć. Co tam w szkole?

– Normalnie – odparła Ola.

Chciała powiedzieć, że wcale się z nim nie męczy, ale nie mogła, bo wielka, twarda gula nagle utkwiła jej w gardle i żeby żadna z mam nie zobaczyła, jak jej smutno, wpadła do swojego pokoju, nastawiła głośno muzykę, rzuciła się na łóżko i schowała głowę pod poduszkę. Leżała tak przez dłuższą chwilę.

> Ola – smutna na wieść, że nie spotka się z Łukaszem

– Ola, jak ty się zachowujesz? Ścisz to natychmiast! Poza tym czy musisz cioci tak demonstrować, że się cieszysz, że Łukasz nie przychodzi?

– Ja wcale nic nie demonstruję.

– Jasne. A po co lecisz do pokoju i nastawiasz skoczne rytmy, co? Przecież jego mamie było przykro, że aż tak go nie lubisz. Zmuś się trochę. Z góry cię uprzedzam, że Łukasz teraz będzie u nas często bywał, czy ci się to podoba, czy nie. Jego mama ma kłopoty i...

– Jakie kłopoty?

– Nie musisz o wszystkim wiedzieć. Przejściowe kłopoty. Ona teraz powinna dużo wychodzić z domu, być między ludźmi. Nic ci się nie stanie, jak pobawisz się czasem z Łukaszem. Wiem,

że to ciapa i ciepłe kluchy, ale trudno. Nie każdy jest pędziwiatrem jak ty. Czy on jest aż taki okropny?

– Nie – fuknęła ze złością Ola.

Zacisnęła zęby i zmarszczyła nos, żeby się nie popłakać.

– Przestań robić miny! Jesteś straszną egoistką, wiesz? Gdzie Łukasz ma się podziać? Naprawdę nie możesz być dla niego trochę milsza? Bardzo mi wstyd za tę twoją muzykę.

– Mamo, myślisz, że ciocia powie Łukaszowi, że ja się... ucieszyłam? – przeraziła się Ola.

– Widzę, że nareszcie ruszyło cię sumienie. Nie powie, bo Łukasz i tak musi do nas przychodzić. Ale ma go wybadać, czy wyczuwa twoją antypatię. No, już nie myśl o tym, trudno. Tylko na przyszłość już tak nie rób, dobrze? Łukasz jest za mały, żeby całe dnie siedzieć sam w domu, a tak to Basia... właśnie! Dziewczynki! Zupełnie zapomniałam... Zbierajcie się, jedziemy do babci.

*

– Dzień dobry, moje ślicznotki! – powitała je radośnie babcia i wnuczki mocno przytuliła, a córkę cmoknęła w policzek. – Aniu, zrobiłam specjalnie dla ciebie sernik. Taki jak lubisz. *Old-fashioned.*

– Słucham?

– Staromodny, tradycyjny. Nie patrz tak... no dobrze, nie będę już ukrywać. Zapisałam się na angielski! – babcia aż klasnęła w dłonie. – Już byłam dwa razy. Nic wam nie mówiłam, bo się bałam, że nie dam rady.

– Mamo, co to znów za pomysł? A gdzie jest lampa?

– Sprzedałam. A pomysł nie jest mój. Klub seniora mnie wytypował.

– Jak to sprzedałaś? Tę piękną wenecką lampę? Komu?

– Nie wiem komu. Na Allegro. Już odebrał. Bardzo miły młody człowiek, ma dużo transakcji na koncie. Wiecie, że jak przyjechał po tę lampę, to akurat miałam zdjąć firanki i on mi pomógł?

– Wpuściłaś obcego człowieka do domu?

– Obcego? Wcale nie obcego. Kilka razy wymieniliśmy e-maile. A lampy nigdy nie lubiłam. Dostałam ją od teściowej. Po co mi ona, skoro jej nie cierpię? Zobaczcie… gdzie ja mam okulary… w klubie wszyscy zrobiliśmy listę rzeczy, które chcemy sprzedać. Ja mam tak: pudełko inkrustowane, sześć srebrnych łyżeczek z herbem, szal jedwabny, ręcznie malowany, płyty analogowe…

– Może jeszcze mieszkanie sprzedasz na Allegro, co?! Lepiej zmieńmy temat, bo nie chcę się dziś denerwować. Tyle mi się zwaliło na głowę.

– A co się stało, kochanie?

– Ach, ta koleżanka… wiesz, ta Beata. Powiem ci innym razem… O, to chyba esemes od niej, bo miała się odezwać, jak porozmawia z synem… – Mama przeczytała, ale nie skomentowała słowem. Gdy odłożyła komórkę do torebki, spojrzała na Olę i zaraz się znów zdenerwowała. – Olka, uspokój się!

– Co ja takiego robię?

– Jaką ty masz minę! Idź do lustra i zobacz. Jak tylko mówię o Łukaszu, to zaraz robisz miny.

– Łukasz to synek tej koleżanki, co jej mąż… tak? – spytała babcia.

– Tak. Boże, zwariować można. A wiesz, że on o tobie… zresztą mniejsza z tym…

– Co on o mnie? – Ola zerwała się na równe nogi.

– Nic, to nie są twoje sprawy. Nie musisz wiedzieć, co ciocia mi pisze w esemesie. Koniec rozmów o angielskim i zachowaniu Oli, koniec tematów Łukasza i Allegro. Przyjechałam się rozerwać… Tylko z Basią nie ma kłopotów…

– Dostała dziś dwie jedynki! – wyrwała się Ola.

– Tak, i co z tego? Poprawi. Dostała, bo jej nauczycielka źle tłumaczy. Zresztą jest w takim wieku… – za-

Ola – brak dyskrecji

Mama Oli – pobłażliwa w stosunku do Basi

częła mama, ale Basia, która do tej pory siedziała w milczeniu i zajadała się sernikiem, nagle się ożywiła.

– Babciu, wiesz, jadę na weekend do Krakowa! – pochwaliła się.

– O? Na wycieczkę? – zapytała babcia.

– Nie. Poznałam na forum bardzo fajnych ludzi. Czapon, Multan, Torment, Blektorn… – zaczęła wyliczać Basia, a babcia patrzyła na nią przerażona.

– I ty, Aniu, puszczasz ją samą do tych Czaponów i Tormentów?

– Oczywiście. Ja jestem nowoczesną i tolerancyjną matką. To normalne, że młodzi ludzie… Młodzi ludzie, mamo, poznają się przez Internet.

– Ale tyle się teraz słyszy…

– O czym? Basia się zakochała, więc czy mam jej zabronić? Co w życiu jest piękniejszego niż miłość? Mamo, przestań zrzędzić… – mama uśmiechnęła się od ucha do ucha.

– W którym? W tym Czaponie?

Basia na zmianę z mamą zaczęły opowiadać o wyjeździe Basi. Ola pomyślała, że musi zdobyć komórkę mamy i odczytać wiadomość od mamy Łukasza. Czuła, że ta wiadomość dotyczy jej. Tylko jak to zrobić?

– Mamo, masz chusteczkę? – zapytała chytrze i rzuciła się do torebki mamy.

– Ja ci dam – ubiegła ją babcia.

Ola bez entuzjazmu wzięła chusteczkę.

– Mamo, masz może długopis?

– Ja ci dam. Przy okazji sprawdź, które nie piszą, i je wyrzuć.

Ola zabrała się do segregowania długopisów, a ponieważ przez cały czas intensywnie myślała, jak zdobyć komórkę, marszczyła czoło tak mocno, aż ją rozbolało, więc zaczęła je masować. Mama zaraz to zauważyła.

– Ola, czy ciebie głowa boli? Idź na podwórko, dotleń się. Masz ze sobą rzutki, żeby poćwiczyć?

– Tak.

– To idź na dwór i poćwicz. No, idź! – ton mamy był kategoryczny.

Ola od razu się domyśliła, że mama wcale nie chce, żeby Ola się dotleniła, tylko żeby sobie poszła, a one będą rozmawiać o czymś bardzo ciekawym.

– Dobre te rzutki, Oleńko? Zadowoleni jesteście? – zapytała z uśmiechem babcia.

– Bardzo. Łukasz ci dziękuje, też je lubi.

Ola zeszła na dół. Była bardzo ciekawa, o czym mama będzie rozmawiać z babcią. Dużo by dała, żeby słyszeć tę rozmowę. Czuła się pokrzywdzona, że Baśka może słuchać, a ona nie.

Trenowanie wyjątkowo jej nie szło. Trafiała prawie za każdym razem, ale chodziło o to „prawie", bo wcześniej trafiała już za każdym razem, i teraz była na siebie zła. Poza tym kilkoro tutejszych dzieciaków cały czas patrzyło, co ona robi, i Ola chciała się przed nimi popisać. W końcu dała im porzucać, nauczyła ich, jak się najlepiej ustawiać, a potem, mimo ich protestów, postanowiła wrócić do mieszkania babci. Idąc na górę, usiłowała wymyślić nowy sposób, jak zdobyć komórkę mamy. Nic mądrego nie wymyśliła i w ponurym nastroju, zgarbiona i smętna, weszła do babci. Potknęła się o próg i rozsypała rzutki.

– Ola, na litość boską, zbierz to. Czy ty musisz być zawsze taka nieuważna?

Mama Oli – o Oli

– A jak ci idzie?

– Chyba dobrze.

– Wygrasz?

– Na pewno wygra. Rzuca z taką siłą, że mało tarczy nie rozpołowi. Mama Łukasza mi mówiła, że on trenuje codziennie, ale słabo mu idzie. Ma złą koordynację ruchową. Jemu zresztą wszystko słabo idzie.

Ola – silna

Mama Oli – o Łukaszu

– Może wygram, może nie – fuknęła Ola. – Łukasz dobrze rzuca!

Ola – staje w obronie Łukasza

– Co się z tobą dzieje?! Przestań na mnie krzyczeć. Jeszcze chwilę chcemy porozmawiać. Masz tu moją komórkę i pograj sobie w węża.

Ola czym prędzej złapała komórkę. Szybko weszła do wiadomości.

„Rozmawiałam z Ł. Mówi, że chętnie do was przychodzi, bo bardzo lubi Olę, więc nie ma się o co martwić. Dziękuję ci, Aneczko, za wszystko".

Ola przeczytała esemesa chyba z dziesięć razy. Najbardziej oczywiście podobał jej się fragment: „bardzo Olę lubi". Tak długo się w niego wczytywała, że w końcu do pokoju weszła mama.

Ola – uradowana,
że Łukasz bardzo ją lubi

– Ola, jak już masz moją komórkę, to usuń wszystkie wiadomości. Ola kiwnęła głową, ale po sekundzie dotarło do niej, że jeśli to zrobi, straci coś bardzo dla niej cennego, więc skasowała wszystkie wiadomości poza tą jedną.

*

Przyjemnie było czekać na przyjście Łukasza, gdy wiedziała, że on ją lubi.

Ola krążyła od okna do okna. W końcu zdecydowała, że weźmie rower i wyjdzie mu naprzeciw, ale gdy wyciągnęła rower z balkonu, nadszedł Łukasz.

– Cześć. Wychodzisz? – zapytał i niechętnie spojrzał na rower.

Ola zamrugała oczami.

– Nie.

– Już wracasz? – wyraźnie się ucieszył.

Znów zamrugała.

– Też nie.

– To co robisz?

– Nic, stoję i czekam na ciebie.

– Z rowerem? Po co? Chcesz mnie może uczyć? – Łukasz zrobił się czerwony.

– A ty chcesz?

Łukasz nic nie mówił. Stał i wpatrywał się we własne buty.

– Mogę, ale i tak nic z tego nie będzie.

– To proste. Każdy głupi to umie.

– Ja nie jestem każdy głupi.

– Racja, ale mógłbyś się wreszcie nauczyć.

– Po co?

– Wtedy byśmy mogli... razem... lubię rower.

– No dobrze. Mogę spróbować, ale żebyś potem nie miała żalu – powiedział z rezygnacją Łukasz. Gdy szedł do Oli, miał cichą nadzieję, że pouczą się matematyki, bo były bardzo ciekawe zadania, a potem może w spokoju coś sobie obejrzą. Teraz szedł smętnie za staczającą rower Olą. Byli już niemal na parterze, gdy spotkali Baśkę.

– Co robicie? Idziecie na rowery? Łukasz, możesz wziąć mój. Zostawię wam kanapki w lodówce. To idę. Pa.

– Dokąd idziesz?

– Muszę sobie kupić nową torbę na ten wyjazd.

– Masz torbę.

– Mam, ale nie białą i mi nie pasuje do spodni. To cześć, dzieciaki.

– Musisz mnie uczyć?

– Nie muszę.

– To mnie nie ucz.

– Zobacz, to bardzo proste. – Ola wskoczyła na rower, przejechała kawałek i zeskoczyła w pełnym pędzie.

– Daj mi spokój. Wiem, że to proste.

– Posłuchaj, jak będziesz miał taką postawę… negacyjną…

– Jaką?

Ola – używa błędnych form językowych

– Musisz tego chcieć!

– A, negatywną… Ale ja nie chcę!

– Musisz!

– Dlaczego?

– Bo… to ważne, żeby umieć. Wszystko umiesz. Jesteś ze wszystkich ludzi najmądrzejszy, a na głupim rowerze nie umiesz jeździć. Taki Paweł umie, Marcela jest głupia, a jeździć umie – wyliczała Ola.

– Uważasz, że jestem mądry?

– No pewnie! Jesteś najmądrzejszy i… najfajniejszy.

Nagle zrobiło się dziwnie cicho. Tuż koło nich przechodzili jacyś ludzie, szczekał pies, ktoś z kimś się kłócił, jakiś dzieciak wrzeszczał, ktoś trąbił klaksonem, ktoś trzepał dywan, jacyś państwo krzyczeli do syna, który stał na balkonie na trzecim piętrze, żeby zrzucił im klucze do schowka… Ani nic nie słyszeli. Zupełnie jakby ktoś ściszył odgłosy całego świata.

– A ty jesteś bardzo ładna, wiesz? Najładniejsza ze wszystkich dziewczyn – szepnął Łukasz. – Jesteś moją dziewczyną, prawda?

Ola i Łukasz – wzajemnie się komplementują

– Jasne.

– To dobrze.

Ustalenie przez dzieci, że są parą

– Wiem, co powiedziałeś swojej mamie… – otwarcie przyznała się Ola. – Że mnie lubisz…

– Skąd wiesz?

– Twoja mam napisała mojej w esemesie.

– Moja mama chyba czegoś się domyśla, bo mnie o ciebie wypytywała.

– Czego się domyśla? – Ola przeraziła się, że być może mamy uważają, że Ola nie lubi Łukasza, i w końcu mu o tym powiedzą.

– Tego, że ja cię... bardzo lubię.

– A, tego. Nie przejmuj się. To co? Próbujemy jeszcze raz?

– No dobra.

– Zobacz, tu trzymasz kierownicę, o tak, tu i tu, wsiadasz tak... stajesz, podnosisz nogę i teraz....

– Umiem wsiadać – zirytował się Łukasz.

– Jak ty wsiadasz? Nie tak. Wcale nie umiesz. Tu podnosisz...

Oczywiście z tej nauki nic nie wyszło, ale dla żadnego z nich nie było to ważne. Ola ze zdziwieniem odkryła coś, o czym nigdy wcześniej nie myślała: że rzeczy, które dla niej są banalne i które umie „od zawsze", dla kogoś innego mogą być aż tak trudne. Nie wyobrażała sobie wcześniej, że ktoś nie potrafi zrobić czegoś tak prostego, jak wskoczyć na rower i pojechać. A teraz nagle na własne oczy zobaczyła, że to możliwe. Łukasz naprawdę nie umiał tego zrobić. Mimo że oboje cały czas się śmiali i wygłupiali, i wesoło spędzili to popołudnie – nie udało się. Łukasz nie przejechał sam na rowerze nawet jednego marnego metra.

Starania Oli, by nauczyć Łukasza jeździć na rowerze

*

Ledwie weszli do mieszkania Oli, odezwał się dzwonek do drzwi.

– Cześć, Ola. Mogę wejść? Mam sprawę do Łukasza...

Na progu stała zadyszana i potargana Marcela. Najwyraźniej goniła ich po schodach.

Ola – stosunek do Marceli

Ola gryzła dolną wargę, zastanawiając się, co zrobić. Wpuszczenie Marceli do domu było jej bardzo nie na rękę. Zauważyła, że lubi być z Łukaszem sama, bo gdy zjawia się ktoś jeszcze, od razu wszystko jest nie tak. Marcela – mimo że przecież przyjaźniły się od przedszkola – zaczęła ją strasznie denerwować. Nie chodziło tylko o to, że ostentacyjnie używała jej cienkopisów i wszystkim mówiła, że Ola sama jej dała te cienkopisy (co Olę okrutnie denerwowało, bo to była nieprawda, ale powiedzieć, jaka jest prawda, Ola nie mogła), ale zrobiła się jakaś natrętna i... zbędna.

Stały tak obie w drzwiach, mierząc się niechętnym spojrzeniem, gdy za plecami Oli pojawił się Łukasz.

– O, cześć, Łukasz! – wykrzyknęła Marcela, jakby się dziwiła, że on tu jest. – Co będziecie teraz robić?

– Oglądać film…

– Dobra, to ja też mogę – zawołała Marcela i błyskawicznie, wymijając Olę, wślizgnęła się do mieszkania. Stanęła bardzo blisko Łukasza i patrząc mu głęboko w oczy, powiedziała konspiracyjnym szeptem: – Wiesz, widziałam fajnego pająka… W śmietniku na uchwycie od kosza. Jak chcesz, to możemy iść go zobaczyć, chyba jeszcze tam jest… Bardzo fajny. Na pewno takiego nie widziałeś – kusiła Marcela.

– Duży? A miał takie białe plamy? – Łukaszowi od razu rozbłysły oczy.

– Tak! Jasne! – ucieszyła się Marcela.

– A, to pewnie krzyżak. Znam go. On tam mieszka. Rzeczywiście bardzo ładny.

– Chodź, to go obejrzymy.

– Wiesz, że się brzydzę… – wtrąciła Ola.

– Wiem, że się boisz – powiedziała Marcela z naciskiem. – To możesz zostać. Łukasz, idziemy?

– Nie. On zawsze tam jest.

– Na pewno to nie ten, którego ty widziałeś.

– Pająki lubią stałe miejsca. On tam jest, odkąd się wprowadziłem. Wiecie, dwa razy widziałem, jak zaczynał budować sieć. Najpierw tak wszystko sprawdza, jakby sprzątał przed czymś ważnym, potem zawsze zaczyna od ramy, bo nici trzeba na czymś rozpiąć. Każdy pająk ma na odwłoku takie kądziołki przędne…

– Musisz o tym mówić?! Obrzydlistwa! O rany, aż gęsiej skórki dostałam! – Ola wyciągnęła przed siebie ramię.

– Ja lubię, jak Łukasz opowiada – oznajmiła Marcela i odwróciła się plecami do Oli. Znów stanęła blisko Łukasza i zajrzała mu w oczy. – Łukasz, a ty wiesz, jak one robią dzieci? Bo ktoś mi mówił, że one mają masę dzieci za jednym razem. To jak je wychowują?

– Oj, Marcela, one je mają, ale ich nie wychowują.

– A to prawda, że taka pani pająk to może zjeść swojego męża?

– Może, jeśli jest nieostrożny. Samica, na przykład krzyżaka, jest dużo większa i bardzo groźna. – Łukaszowi zapaliły się oczy i nie za-

Łukasz – fascynacja pająkami

uważył, że Ola skrzyżowała ręce na piersiach i patrząc spod zmrużonych powiek to na Łukasza, to na Marcelę, nerwowo zgrzyta zębami. – Gdy pająk chce mieć dzieci, ostrożnie podchodzi do sieci samicy i w nią tak lekko puka, żeby ona wiedziała, że idzie samczyk, a nie jakiś inny owad, którego trzeba złapać i zjeść. I jak on tak puka i puka, to ona w końcu zaczyna rozumieć, że chodzi o to, żeby mieć dzieci. Czeka na niego i wcale go nie zjada. Pająki są bardzo mądre. Tylko czasem, jak taki samiec się zagapi i za długo siedzi na sieci samiczki, to ona go cap i łapie.

– I zje go?

– No. Najpierw mu wpuści jad pod pancerz…

– Za chwilę zwymiotuję – powiedziała ostrzegawczo Ola.

– To idź do łazienki. Łukasz, a to prawda, że złapanemu owadowi pająki wstrzykują jad, żeby potem wypić mu wnętrzności?

Ola nie usłyszała już odpowiedzi Łukasza. Po tym pytaniu naprawdę zrobiło jej się niedobrze. Zerwała się i wybiegła z pokoju. Nie zwymiotowała, ale usiadła na brzegu wanny i odkręciła wodę. Nie chciała słuchać, jak Łukasz i Marcela w najlepsze sobie gadają, i to o czymś tak

Ola – strach przed pająkami

obrzydliwym jak pająki. Poza tym czuła się jakoś dziwnie. Po pierwsze – była nieziemsko wściekła na Marcelę, że akurat teraz przyszła, po drugie – na Łukasza, że gada o tych pająkach, chociaż doskonale wie, że Ola się ich boi. Była wściekła na Łukasza, że w ogóle gada z Marcelą. Powinien uciąć krótko i w ogóle się do niej nie odzywać! Zdrajca! A najbardziej była zła na samą siebie. Przez ten swój głupi strach zostawiła ich teraz samych i mogą sobie gadać, ile chcą i o czym chcą, a ona siedzi tu sama w łazience i nikt jej nie lubi. Może tu umrzeć, a żadne z nich nawet się nie zainteresuje…

– Ola? Wszystko w porządku? – Łukasz delikatnie zapukał w drzwi.

– Tak – warknęła Ola. – Już idę. – Podeszła do lustra i spojrzała na siebie.

Ola – zazdrość o Marcelę

„Głupia ta Marcela. Jak mogłam ją kiedyś lubić? Wariatka. Nic nie umie z polskiego, robi błędy…".

Nagle coś szepnęło jej do ucha: „Ale pająków się nie boi tak jak ty, tchórzu".

„Jeśli ona może się nie bać, to ja też! Ja mam być od niej gorsza? Nigdy! Nauczę się nie bać. Wszystkiego można się nauczyć, więc się nauczę. Umiem się bać, to teraz nauczę się nie bać. Muszą być jakieś sposoby. Tak jak z rowerem... Jak ktoś się uczy, to wkłada mu się kij, i na pewno jest też jakiś sposób, żeby się nie bać pająków".

> Ola – ambicja i chęć pokonania własnych lęków

Ola, zła jak osa, wypadła z łazienki. Pewnym krokiem weszła do pokoju i podeszła do regałów z książkami. Bez trudu znalazła encyklopedię zwierząt. Wyjęła ją, usiadła i zaczęła szukać strony z pająkami.

– Co robisz?

– Szukam informacji o pajądkach.

– Przecież nie możesz na nie patrzeć...

– Ja? Co za bzdura!

– Widziałam! Raz jak zobaczyłaś pająka w książce, to zaczęłaś uciekać. Serio! Łukasz, mówię ci, ciapnęła książką o ścianę, zaczęła piszczeć i uciekła. Przysięgam! – Marcela aż podniosła rękę na znak, że mówi szczerą prawdę.

– Bzdura! O, proszę... – powiedziała nieco niepewnym głosem Ola, bo właśnie dotarła do stron o pająkach.

Marceli, która zajrzała Oli przez ramię, zwęziły się oczy. W encyklopedii były rysunki szczęk pająków, nogi pająków w powiększeniu... Na sieci siedział wielki włochaty pająk i owijał martwą osę w kokon.

– Ola, skoro tak się wcale nie boisz, to pogłaszczesz tego miłego pajączka? No pogłaszcz go, pocałuj. Widzisz? Boisz się! – Marcela z satysfakcją i spojrzała na Łukasza. – Boi się. Mówiłam, że uciekała z piskiem. – Zaśmiała się sztucznie, udając, że aż skręca się ze śmiechu. – Nigdy tego nie dotkniesz. Trzeba się nie bać. O rany, mama mnie woła! Poczekajcie chwilę...

> Marcela – nielojalna wobec Oli

Marcela w dwóch susach dopadła do okna, otworzyła je i wychyliła się, żeby coś krzyknąć do mamy.

Łukasz szybko podszedł do Oli i cicho powiedział:

– Ola, to tylko rysunek. Równe dobrze mógłby tu być rower. Nie daj się jej.

> Łukasz – pomaga Oli przezwyciężyć strach przed pająkami

Nie odrywali od siebie spojrzeń do chwili, gdy Marcela znów do nich podeszła.

– No i co? Daj tę książkę, ja ci pokażę.

Marcela już wyciągnęła ręce po encyklopedię, ale Ola jej nie oddała. Wyciągnęła wskazujący palec prawej dłoni i dotknęła wielkiego, owijającego upolowaną osę krzyżaka.

Zamknęła oczy i pomyślała:

„No tak, Łukasz ma rację, to tylko rysunek. Kreski i kropki. Tu mógłby być narysowany rower...".

Przełamanie przez Olę strachu przed pająkami

– Kochany, śliczny rowe... pajączuś. Mój słodki... – czując jakąś dziwną ulgę, Ola zaśmiała się. Głośno cmoknęła stronicę. – Kocham cię, pajączku! Kocham cię, pajączku!

Marcela wstała z miejsca.

– Wiem, gdzie jeszcze są zawsze pająki. Mogę ci pokazać – zwróciła się do Łukasza, ale w jej głosie już nie było pewności. Najwyraźniej czuła, że Łukasz z nią nie wyjdzie.

– Nie, musimy robić lekcje.

– To ja sobie posiedzę – powiedziała Marcela.

Ola i Łukasz – radość ze wspólnego przebywania ze sobą

Ola i Łukasz wyciągnęli zeszyty i zabrali się do pracy domowej. Co chwila ukradkiem na siebie zerkali, ledwo powstrzymując się od śmiechu. Gdy skończyli, Ola przyniosła z kuchni kanapki. Zaczęli jeść i oglądać *Pocahontas*. Ola sądziła, że to nie będzie fajne oglądanie, ale... było wspaniale. Cały czas żartowali, przedrzeźniali Pocahontas i Johna Smitha, udawali szopa i pieska.

W pewnym momencie, już pod koniec filmu, usłyszeli krzyki mamy Marceli.

– Maaarcela!

– Muszę już iść – powiedziała Marcela.

Gdy wyszła, Ola poczuła wielką ulgę. Podeszła blisko do Łukasza i zaczęła udawać Marcelę.

– Och, Łukasz, jesteś tu, no coś takiego! Wiesz, widziałam fajnego pająka. Chodź go zobaczyć!

– Czy pająki wychowują dzieci? – dołączył się do niej Łukasz i oboje parsknęli śmiechem.

– Ola, wiesz...

– Wiem, wiem, ja też jej nie lubię.

– Tak, ale... Ola, wiesz... to niesamowite. Z tym pająkiem...

– E, nic takiego. Pomogłeś mi tym rowerem.

– Nieprawda. To było… coś. Wiesz, czuję, że ty jeszcze weźmiesz pająka do ręki.

Łukasz – docenienie postawy Oli

– Nigdy!

– Zobaczysz…

– Dobra, wezmę nawet zaraz, tak samo jak ty na rowerze pojedziesz.

Ola z niepokojem spojrzała na Łukasza, czy nie była zbyt złośliwa, ale on oczywiście się nie obraził.

– Ola, wiesz, bardzo cię lubię.

– Ja ciebie też. Bardzo. Ożenisz się ze mną?

Ola i Łukasz – wyznają sobie, że bardzo się lubią

– Pewnie, a co ty myślałaś? – powiedział spokojnie Łukasz. – Jak chcesz, możesz mnie jeszcze raz pocałować.

Ustalenie przez dzieci, że się pobiorą

– Dobra. To zamknij oczy, bo się wstydzę.

Zbliżyła się do Łukasza, zaczekała, aż zamknie oczy, pomyślała, że trochę głupio teraz wygląda, ale zaraz pocałowała Łukasza prosto w usta.

Pocałowanie Łukasza przez Olę

Łukasz otworzył oczy, spojrzał na nią i zrobił się strasznie czerwony.

– A ty mnie? – zażądała Ola.

– Ja? – spłoszył się Łukasz, a rumieniec spłynął mu na szyję.

– Ja ciebie pocałowałam już dwa razy. Teraz ty – zażądała i aż wzięła się pod boki.

Jednak Łukasz zupełnie nie czuł się na siłach, żeby to zrobić.

– Ja jutro, dobrze?

– Dobra, tylko nie zapomnij. Jesteś mi winny dwa razy.

– Winny? To ludzie zawsze się tak całują po równo? – zdziwił się.

– Zawsze. Nie wiedziałeś? Wiem dobrze, bo mam przecież Baśkę w domu, to widzę. Zawsze tak jest.

– Widzisz, jak Baśka się całuje? I z tym kudłatym też widziałaś? Przecież on ma wąsy!

– I co z tego? Wąsy nie przeszkadzają. Zawsze wszystko widzę. Ty wiesz, jak oni to robią? Tak długo, jakby się gryźli w usta.

– Okropne! – Łukasz aż się wzdrygnął.

– No, obrzydliwe. Chcesz coś do picia?

– Wody. I herbaty też poproszę.

– Ja też wody i herbaty. Już robię!

ROZDZIAŁ XII

Łukasz

Łukasz wypił najpierw wodę, potem herbatę, a potem pomyślał, że Baśka jest obrzydliwa i że nigdy by jej o coś takiego nie posądzał.

– Muszę jeszcze zrobić lekcje Adamowi.

– Dlaczego odrabiasz za niego lekcje? Nie rozumiem.

– Tylko czasem, jak jest coś trudnego.

– Nie lubię Adama. On cię wykorzystuje, taki już jest.

Ola – o Adamie

– A ja go bardzo lubię – powiedział Łukasz. – Ćwiczy ze mną na wuefie i wtedy... wtedy, wiesz... jak się popłakałem, to...

– Nie widziałam – szybko wtrąciła Ola.

Łukasz – o Adamie

– On mnie obronił. Bardzo go lubię. To mój przyjaciel. Ufam mu.

– Może masz rację.

Słysząc, że Łukasz tak lubi Adama i że nazywa go swoim przyjacielem, Ola jakoś zapomniała o wszystkich swoich kłótniach z Adamem i jego złośliwościach i o tym, że do tej pory nie lubiła go najbardziej

Ola – zmiana stosunku do Adama

z całej klasy. Teraz wydał jej się miłym i fajnym chłopakiem.

– Wiesz, ten Adam jest nawet fajny. A Paweł?

– Paweł dobrze gra w piłkę – powiedział z uznaniem Łukasz. – Lubię go.

– Racja, Paweł jest fajny. A kogo jeszcze z naszej klasy lubisz? – zapytała prowokacyjnie Ola, myśląc o Marceli, ale Łukaszowi Marcela nawet nie przyszła do głowy.

Dobrze im się gadało. Zmyli talerze, odkurzyli, Łukasz pomógł Oli zrobić porządki w szufladzie, a potem, chociaż nikt ich o to nie prosił, wynieśli śmieci. Gdy dochodzili do śmietnika, Ola się zatrzymała.

– Zobacz, czy nic nie ma – poprosiła.

Nie było ani śladu pająka, nawet sieć ktoś zniszczył. Łukasz już chciał powiedzieć, że Ola może wchodzić, ale pomyślał, że przecież jest już mrok i może czegoś nie zauważył. Co będzie, jeśli się pomylił? Ola straci do niego zaufanie. Wyszedł i od razu wyciągnął rękę po torbę, którą trzymała Ola.

– Nic nie widać, bo jest ciemno. To daj, ja wyrzucę – powiedział.

Pomyślał, że fajnie tak sprawdzać, czy nie ma pająka, i że zawsze chciałby Olę przed wszystkim bronić. A właściwie to bardzo chciałby już być dorosły i wreszcie zostać mężem Oli.

*

Łukasz zaraz po lekcjach zszedł do szatni, żeby zmienić buty. Chłopcy z jego klasy umawiali się na mecz. Głośno przy tym krzyczeli, kto z kim powinien być w drużynie. Adam stał na ławeczce z kartką w dłoni i zapisywał, kto jest w której drużynie. Oczywiście od razu zobaczył, że Łukasz wchodzi, ale go zignorował, a Łukaszowi zrobiło się trochę przykro.

> Adam – zmiana stosunku do Łukasza

Gdy po południu przyszedł do Oli, wszystko dokładnie jej opowiedział, a raczej poskarżył się na Adama. Ola stwierdziła, że to cały Adam, że zawsze tak traktował ludzi, że nie wolno się z nim zadawać, bo potem każdy tego

> Ola – o Adamie

żałuje. Chodząc po pokoju, wygłosiła długą przemowę. Na koniec kazała przysiąc Łukaszowi, że już nie będzie dawał się Adamowi wykorzystywać. A potem zmusiła go, żeby obiecał, że jutro rano powie w oczy Adamowi, że koniec z odrabianiem za niego lekcji.

– Jak jest twoim przyjacielem, to i tak będzie. To niczego nie zmieni. A jak nie jest… to po co mu robić prace domowe? – zakończyła bezlitośnie.

Łukasz przyznał jej rację. Kiedy jednak stanął przed Adamem, żeby mu to oznajmić, stracił pewność siebie.

– No cześć. Co tak stoisz?

– Cześć. – Łukasz głośno przełknął ślinę. – Czekam na ciebie, bo… bo…

> Łukasz – brak pewności siebie

– Bo… bo… – przedrzeźnił go Adam i zaczął się śmiać, ale jakimś złym, nieznanym Łukaszowi śmiechem.

– Chcę ci powiedzieć, że nie będę już odrabiał za ciebie pracy domowej, bo to jest ze szkodą dla ciebie, nic się przez to nie
uczysz. Koniec z tym. – Jego głos zabrzmiał nienatu-
ralnie.

Próba zakończenia przez
Łukasza sprawy z Adamem

– Odbiło ci, Tomaszewski! Co cię ugryzło?
– Nic. Koniec z tym. Jeśli jesteś moim przyjacielem, to i tak nic się
nie zmieni. Adam, ja mogę ci pomagać... Codziennie...
– Przecież co dzień chodzisz do Olki Mróz.
– To co? Ty też możesz przychodzić. Moja mama na pewno się zgo-
dzi, żebym ci pomagał, i jej mama też. Będę ci wszystko tłumaczył!
Wszystko!
– Nie mam czasu na głupoty. Wiesz co, Tomaszewski? Czuję, że to
sprawka tej Olki... Chodzicie ze sobą?
– To... to nie ma nic do rzeczy! Ja sam...
– Więc to ona ci kazała? Od razu wiedziałem. Kurde, człowieku, tak
ci zależy na babie? A ja myślałem... To żegnaj.
– Adam... – zaczął Łukasz.

Nagle dotarło do niego, że to koniec, że wszystko
zepsuł, że na najbliższym wuefie będzie ćwiczyć
sam, że chłopcy go teraz zniszczą, że jego życie jest
straszne.

Łukasz – strach przed
odtrąceniem przez kolegów

Jednak na wuefie Adam ćwiczył z nim jak zawsze.
Udawał nawet, że ćwiczy gorzej od niego, rozmawiał z nim normalnie,
zapytał, czy Łukasz może dać mu pół swojej kanapki, bo zapomniał
śniadania. Łukasz pomyślał, że Ola miała rację – ich przyjaźni nic nie
zaszkodzi i w zasadzie dobrze, że tak wyszło, bo dzięki Oli okazało się,
że przyjaźnią się naprawdę.

Tego dnia ostatni był polski. Adam rzucił Łukaszowi zwiniętą w kulkę
kartkę.

„Mam sprawę. Zaczekaj na mnie po lekcjach".

Łukasz był zdziwiony, jak łatwo Adam pozbył się wszystkich kolegów.

– To co, idziemy do ciebie? Mam poważną sprawę i muszę z kimś
mądrym pogadać.

Tym „mądrym" sprawił Łukaszowi wielką przyjemność.

Gdy znaleźli się w domu Łukasza, Adam pozwolił się poczęstować cze-
koladą nadziewaną marcepanem, wypił pół litra coli i rozsiadł się w fotelu.

– Sprawa jest prosta. Mam kłopot z babą. Konkretnie z Marceliną. Strasznie mi się podoba i chcę z nią chodzić.

– Z Marceliną? – z niedowierzaniem zapytał Łukasz.

– Jest bardzo ładna. Widziałeś, jakie ma długie… te tutaj… rzęsy? I jak się śmieje, to robią jej się takie… dołki. Zauważyłeś?

– Nie – szczerze odparł Łukasz.

– Najładniejsza z całej klasy, co nie?

– Jak dla kogo… – niepewnie powiedział Łukasz.

– Jesteś moim kumplem czy nie? Najładniejsza, tak?

> Łukasz – nie potrafi bronić własnego zdania

– Tak – trochę wbrew sobie potwierdził Łukasz.

– Więc teraz trzeba tamtej…

– Jakiej tamtej?

– O rany, jak ty nic nie łapiesz. Chłopie, za mną lata masa bab, mogę je wiązać w pęczki. Taka jedna… Olga. Mówi się na nią Ola, tak jak na twoją Mróz, ale ona nie jest Aleksandra, tylko Olga, z równoległej klasy. I teraz, bracie, muszę tamtej napisać, żeby się ode mnie odczepiła.

– To napisz.

– Problem w tym, że… Słuchaj, ty się całowałeś z Mróz?

– Ja? – Łukasz zrobił się strasznie czerwony.

– Powiedz.

– Nie…

– Od razu wiedziałem! Wiesz, chłopaki gadali, że ty się nigdy z żadną babą byś nie pocałował, bo jesteś miękki dzieciak. Ale ja im powiedziałem twardo, że tak. Kłamałem, ale co tam…

– Nie kłamałeś…

Łukasz zaczerwienił się jeszcze mocniej, ale tak naprawdę z przyjemnością pochwalił się koledze. Było mu bardzo, bardzo miło, że może teraz szczerze powiedzieć, że już się całował. I już chciał dodać, że nawet dwa razy, tylko przypomniał sobie, że dwa razy Ola go pocałowała, a on jej ani razu, więc teraz tego strasznie pożałował. Poprzysiągł sobie, że przy najbliższej okazji szybko to wyrówna.

– No widzisz. I co? Mróz dobrze całuje? – zapytał Adam.

> Łukasz – dyskrecja

– Nie powiem ci, bo Ola byłaby zła.

– Zależy ci na niej?

> Łukasz – przyznaje, że zależy mu na Oli

– Tak.

– To bardzo dobrze, bo mnie lepiej zrozumiesz. Chodzi mi o to, żebyś napisał do tej Olgi list...

– Ja? Dlaczego?

– Ty ładnie piszesz i bez błędów, a ja będę musiał sto razy przepisywać. Jesteś moim kumplem czy nie?

– Jestem. Ale nie możesz w e-mailu? Word ci sam sprawdzi błędy.

– Nie mam jej adresu. Zresztą chcę, żeby było delikatnie, żeby jej nie zranić, bo to fajna dziewczyna, tylko nie dla mnie. Wolę Wielgat. To pisz. No, bierz kartkę i pisz. Weź jakiś ładny cienkopis. Jaki kolor dziewczyny lubią?

– Różowy.

– Do swojej Olki byś napisał na różowo?

– Tak.

Łukasz wciąż patrzył dość niepewnie na Adama. Ten jeszcze dwa razy musiał mu opowiedzieć to samo, zanim w końcu Łukasz zdecydował, że napisze za niego ten list. W końcu co mu szkodzi. Ola chciała, żeby nie odrabiał za niego lekcji, ale o pomocy koleżeńskiej nic nie mówiła.

– Jak zacząć?

– Jakoś fajnie, a jak ty byś zaczął? Tak czule, żeby się baba wzruszyła.

– Mój kochany Pająszku! – wypalił Łukasz.

Adam aż poderwał się z fotela, tak mu się to spodobało.

Mój kochany Pająszku!

Po tym, co między nami było, wiem, że może ci być przykro, ale niestety takie jest życie – okrutne. Chcę być wobec Ciebie uczciwy. Kocham inną. To jest Marcelina Wielgat. Ona od dawna mi się podobała. Zakochałem się w niej, gdy po raz pierwszy ją zobaczyłem. Wiem, że powinienem Ci od razu powiedzieć, ale jakoś nie mogłem, bo było mi Ciebie tak żal.

Żegnaj na zawsze.

> Adam – wykorzystuje naiwność Łukasza

– Dobra, daj, ja już sam podpiszę.

Adam wziął list z rąk Łukasza.

– Fajnie, dzięki. Idę.

– Już idziesz? Może pokażę ci moje zdjęcia...

– Nie, muszę iść. A numer do ciebie na komórkę to ten?

– Tak – potwierdził Łukasz i odprowadził Adama do drzwi.

Gdy tylko je zamknął, zadzwoniła jego komórka. Łukasz pomyślał, że to tatuś, i rzucił się do aparatu. Ale nie, to nie był tatuś. Wyświetlił się jakiś nieznany numer.

– Możesz podejść do okna? – odezwał się czyjś głos w komórce.

– To ty, Adam?

– Tak. Podejdź do okna.

Łukasz podszedł. Na łańcuchach odgradzających jezdnię od chodnika bujał się Adam. W jednej ręce trzymał komórkę, a w drugiej kartkę.

– Słuchaj, Tomaszewski. Tak sobie szedłem i czytałem ten list, który napisałeś. I tak mi przyszło do głowy, żeby go dać Aleksandrze Mróz. Co o tym myślisz?

– Oli? Dlaczego?

– Myślisz, że nie chciałaby takiego listu dostać?

Adam wolno zaczął czytać słowa, które Łukasz bardzo dobrze znał.

– Ale bez podpisu…

– Podpisałem się za ciebie. Masz bardzo łatwy… To co z lekcjami? Zrobisz na jutro?

– Jesteś…

Szantażowanie Łukasza przez Adama

– Zrobisz czy nie? Jaki ty, Tomaszewski, jesteś głupi. Sam mi się podłożyłeś. Co ty myślisz, że ja instytucja charytatywna jestem?

Łukasz poczuł się, jakby ktoś wrzucił go w środek filmu gangsterskiego. Bezradny, zagubiony, wyrwany z bezpiecznego świata domu i szkoły, nagle stanął oko w oko z kimś bardzo złym.

– Zrobię – westchnął bezradnie.

– Jeśli komuś piśniesz słowo, to pamiętaj: twoja śliczna Aleksandra Mróz dostanie ten list. Jak myślisz, czy potem będzie jeszcze chciała z tobą gadać? Uwierzy ci, że to nie do niej pisałeś?

– Zrobię na jutro – szybko powiedział Łukasz.

– Wiedziałem, że z ciebie rozsądny człowiek, Tomaszewski. Nawet cię lubię. Jak na idiotę jesteś całkiem do zniesienia. To do jutra.

Adam rozłączył się, a Łukasz spojrzał na zegarek. Za pięć minut zadzwoni mama i przypomni mu, że ma iść do mieszkania Mrozów, a on nie czuł się na siłach nawet zrobić jednego kroku, a co dopiero przejść dwieście metrów.

Czuł się tak podle jak jeszcze nigdy dotąd. A najgorsze było nie to, że dał się złapać w pułapkę, tylko

Łukasz – przygnębiony z powodu własnej naiwności

to, że okazał się taki naiwny. To było najgorsze... Od początku podejrzewał, że coś tu nie gra, i nic z tym w porę nie zrobił. Zachował się jak prawdziwy idiota i nie mógł sobie teraz tego wybaczyć.

*

– Łukasz, co się z tobą dzieje? Skup się. Masz jeszcze dwie kolejki. Co się dzieje?

Łukasz spojrzał na Olę. Niby słyszał, co do niego mówi, ale tylko niby. Od tamtego telefonu Adama miał jakby watę w uszach. Myślał tylko o tym i czuł się, jakby go ktoś związał i wrzucił do klatki. Nie zależało mu na konkursie. Było mu wszystko jedno, a nawet wolałby nie wygrać, bo wtedy już nie będzie musiał startować dalej. Stał smętny, ze zwieszoną głową, wciąż wyrzucając sobie, że tak głupio dał się Adamowi podejść. Nie widział, że Ola świdruje go wzrokiem. W innym stanie ducha wyczułby to od razu, teraz jednak nic nie zauważył.

Rozkojarzenie Łukasza podczas konkursu

Dla Oli było jasne, że coś się stało. Łukasz nigdy nie był przesadnie wesoły, ale żeby aż tak? Obserwowała go od kilku dni i czuła, że coś złego się z nim dzieje, że ma jakiś wielki problem. Nie wiedziała, jaki, ale wiedziała, że za dwadzieścia minut znów będzie kolejka Łukasza i jeśli tym razem też rzuci tak słabo, to chociaż rzuca najlepiej ze wszystkich znanych jej ludzi, odpadnie z konkursu.

Mogła oczywiście podejść do Łukasza i zapytać, o co chodzi, tylko że zrobiła to już sto razy i za każdym razem Łukasz jej mówił, że wszystko jest w porządku. Czuła, że sama też nie wymyśli, co się naprawdę stało, ale... Nagle coś sobie uświadomiła. Zadała sobie proste pytanie: „Co by się musiało stać, żebym ja była aż tak smutna?". Przyszły jej do głowy tylko dwie rzeczy: jej mama, Baśka i babcia umarły wszystkie jednocześnie albo Łukasz już jej nie lubi. Szybko do niego podeszła.

Łukasz stał nadal jak słup soli i bezmyślnie międlił rzutki, gdy Ola krzyknęła mu do ucha:

– Co u twojego tatusia?

– Dobrze. – W oczach Łukasza pojawiły się ciepłe błyski. – Jedziemy w ten weekend...

A zatem nie chodziło o tatusia Łukasza, a to oznaczało, że coś złego dzieje się w jego sercu. Coś, co ma związek z nią, tylko co? Postanowiła to wybadać.

– Jak ja rzucam, zawsze sobie wyobrażam, że to Marcela. Dlatego tak dobrze trafiam. Chociaż spudłowałam tylko trzy razy, widocznie za mało jej nie lubię. A ty sobie kogoś wyobrażasz?

> Ola – pomaga Łukaszowi w trudnej sytuacji

– Nie…

– To wyobrażaj sobie!

Łukasz został wywołany do tarczy. Zaczynała się druga kolejka rzutów.

Stanął w wyznaczonym miejscu, zważył w dłoni lotki i spojrzał na tarczę.

„Ty wstrętny draniu! Nienawidzę cię!" – pomyślał, patrząc na tarczę.

> Łukasz – nienawiść do Adama

Rzucał. Nie patrzył, czy trafia, czy nie. Było mu wszystko jedno. Po prostu rzucał w środek twarzy, której nienawidził.

– Sto na sto – powiedział sędzia, ale Łukasz tego nie słyszał.

Nie usłyszał też, jak po następnej serii jego rzutów sędzia powiedział to samo. Dopiero gdy ktoś wepchnął go siłą na podium, ktoś inny założył mu na szyję wstęgę ze złotym medalem, a ktoś inny dał dyplom, i gdy w końcu Ola

> Niespodziewana wygrana Łukasza w konkursie w rzutki

podeszła do niego i rzuciła mu się na szyję, zaczęło do niego docierać, że chyba... wygrał!

– O kim myślałeś, jak rzucałeś?

– O Adamie – powiedział Łukasz.

| Ola – chce rozprawić się z Adamem |

Oczy Oli zwęziły się, tworząc dwie maleńkie szparki, a w jej wzroku pojawiło się coś bardzo niebezpiecznego.

*

Mama weszła do pokoju Łukasza ze słuchawką w dłoni.

– Tatuś dzwoni. Pochwal się – powiedziała ciepło i szybko wyszła z pokoju.

– Cześć, tato... Już dawno jestem zdrowy... Nic mi nie było, mama zawsze przesadza... Jasne, że jedziemy... Na pewno nic mi nie wypadnie... Pewnie, że się cieszę... Aha, w tym samym składzie... Super... Był konkurs... Pierwsze miejsce... Dlaczego... cieszę się... Ostra facetka? A, Ola! Czwarte... Trochę niesprawiedliwie... Tak, tak, wiem. Jasne, że się cieszę, dlaczego mam się nie cieszyć... tylko ci się wydaje... wszystko u mnie w porządku... To na razie, do piątku. No cześć. Będę czekał gotowy i od razu zejdę.

Gdy tylko skończył rozmawiać, do pokoju znów weszła mama.

| Łukasz – nie cieszy się z własnej wygranej, ponieważ Oli się nie powiodło |

– Zgadzam się z ojcem. Nie rozumiem, dlaczego się nie cieszysz, synku. Pierwsze miejsce. Byłam przeciwna temu konkursowi i teraz okazuje się, że miałam rację. To było bez sensu, bo nawet się nie cieszysz. Nie patrz tak. Widziałam dziś Olę na przystanku. Skakała do góry, jak mi mówiła o konkursie. O mało mnie nie przewróciła, taka była rozradowana. Widzisz, dla niej szóste miejsce to jest sukces.

| Ola – cieszy się z wygranej Łukasza |

– Ola zajęła czwarte miejsce.

– Szóste czy czwarte, wszystko jedno, ale nie pierwsze. Na pewno ci zazdrościła. Cieszmy się, że w ogóle

| Mama Łukasza – o Oli |

trafiała w tarczę. Ona jest taka rozbiegana, ani chwili nie ustoi spokojnie, nie wiem, jak one z nią wytrzymują. Może dają jej coś na uspokojenie – zaśmiała się mama.

| Łukasz – staje w obronie Oli |

– Przestań tak o niej mówić!

– Jak ty się do mnie odzywasz? Co to za podnoszenie głosu! Widzę, że wizyty u Mrozów źle na ciebie działają. Trzeba będzie z tym szybko skończyć.

– Przepraszam.

– Przemyśl swoje zachowanie. Na pewno powiem ojcu, jak jego syn się teraz zachowuje. Zresztą jeszcze nie wiem, czy cię puszczę z ojcem – zagroziła mama na koniec.

Łukasz ze złości zacisnął zęby. Nie było dnia, żeby nie wracał wspomnieniami do tamtego wyjazdu z ojcem i panią Iwoną. Było tak fajnie… Teraz mama jakby czuła, że Łukaszowi właśnie na tym zależy, i oczywiście już straszy, że go nie puści. Cała mama… Łukasz poczuł, że jest na nią zły, poza tym to jej gadanie na Olę… Pani Iwona i tatuś zawsze się Olą zachwycają, a mama… Tak, mama jest dużo gorsza.

> Łukasz – złość na mamę

*

– Adam jest bardzo podły, prawda? – odezwała się Ola, nie odrywając wzroku od zeszytu.

– Adam? Dlaczego? – niepewnie zapytał Łukasz.

– Nie wiem, ale sam mówiłeś, że to w niego celowałeś. Widziałam, jak chcesz mu dołożyć. Co on ci zrobił?

– Nic. Nie mogę ci powiedzieć.

– To w końcu nic czy nie możesz mi powiedzieć?

– Jedno i drugie. Ile ci wyszło w piątym?

– Sześć i trzy czwarte. Wiesz, wczoraj słyszałam, jak nasze mamy rozmawiały. Myślały, że ja już śpię, ale ja nigdy nie śpię, jak one rozmawiają.

– I co słyszałaś?

– Twój tatuś się z wami rozwodzi.

– Nieprawda!

– Ja tylko mówię, co słyszałam… że ma babę i że się rozwodzi.

– Nieprawda! Tatuś teraz dużo pracuje, bo pisze bardzo ważną książkę. Nie ma żadnej baby. Pani Iwona z nim pracuje. Sami mi to mówili.

> Łukasz – nie wierzy, że jego rodzice się rozwodzą

– Łukasz, a o co chodzi z tym Adamem? Bo wiesz, pytałam go dzisiaj, czy jest twoim prawdziwym przyjacielem, a on zaraz mi powiedział, że ty o mnie mówisz Pajączek. To... prawda?

Łukasz zesztywniał. Cokolwiek by teraz powiedział: „tak" lub „nie", oba te słowa byłyby kłamstwem.

– Wiesz co? Powiem ci coś, tylko nikomu tego nie zdradź. Moja siostra znów ma nowego chłopaka, najlepszego przyjaciela tego Czapona. Babcia uważa, że to skandal, żeby zadawać się z jego najlepszym przyjacielem, ale mama stwierdziła, że każdy ma prawo do miłości. Myślisz, że to prawda?

Mama Oli – o miłości

– Pewnie. Ola, a ty masz tatusia?

– Mam. Każdy przecież ma. Nasz się już dawno z nami rozwiódł, ma teraz inne dzieci. Nie lubię go. Wcale do mnie nie dzwoni... – Ola spojrzała na Łukasza. – Ty się nigdy nie rozwiedziesz, prawda?

– Nigdy! – huknął z przekonaniem Łukasz. – W ósmym wyszło mi minus dwa, tobie też?

Ola – stosunek do taty

– Też. Ja nie lubię mojego tatusia, bo nigdy mnie nie odwiedza, tylko wysyła dużo pieniędzy. Jak tylko coś chcę, zaraz mi kupuje, bo go gryzie sumienie. Mam lepiej.

– Lepiej niż kto?

Ola tylko wzruszyła ramionami.

– Lepiej niż ja, tak?

– Tak. Bo jak się kogoś nie ma, to ten ktoś nie robi problemów.

– Mój nie robi problemów!

– A gdybyś musiał wybierać, to z kim byś został?

Łukasz poczuł, że ta rozmowa go denerwuje, ale Ola świdrowała go wzrokiem i rozumiał, że musi jej odpowiedzieć.

Łukasz – o tacie

– Ja bym nie mógł mieszkać bez tatusia. Nigdy się nie czepia, nie jest złośliwy i lubi moich znajomych. Zawsze mnie chwali, nie pyta o oceny, nie każe iść spać wieczorem, nie gada, że rzucam skarpetki, nie każe mi zjadać do końca, jak nie mam ochoty. Jest fajniejszy. Jadę z nim na weekend na Mazury.

– Tylko z nim? Super!

– No... z nim i z panią Iwoną... chyba... – dodał po chwili.

Ola zerknęła na niego.

– Z tą z jego pracy, tak?

– Tak.

– Aha – powiedziała Ola i jakoś tak ciepło się do Łukasza uśmiechnęła, a zaraz potem spadła z krzesła, na którym przez cały czas się bujała.

| Ola – ruchliwa |

*

W piątek Łukasz wrócił pędem ze szkoły. Już na ostatniej przerwie zapowiedział Oli, że bardzo się śpieszy, bo nie chce, żeby tatuś na niego czekał, i że nie będą wracali razem. Ola zgodziła się bez żalu, a nawet, jak się wydawało, była z tego zadowolona. Uśmiechnęła się i życzyła mu taaakiej ryby. W domu wziął prysznic, po raz kolejny sprawdził, czy wszystko ma, zjadł krupnik, umył zęby, założył aparat i nie wiedząc, co ze sobą zrobić, zaczął z nudów ćwiczyć nogi. Gdy zadzwonił telefon, zerwał się jak oparzony.

– Synku, spóźnimy się chwilę… Tak, na pewno przyjadę… ale Iwonka źle się czuje… Przepraszam cię. To do zobaczenia.

Łukasz odłożył słuchawkę i spojrzał na zegar. Jeszcze dużo czasu. Co z tego, że tatuś trochę się spóźni? Wieczorem zrobią ognisko, zjedzą sobie kiełbaski, będą się wygłupiać. Chcąc jakoś zabić czas, wziął zbiór zadań z matematyki i kolejno je rozwiązywał. Nawet nie zauważył, jak rozwiązał nawet z tych działów, których jeszcze nie przerabiali. Potem wziął książkę do przyrody i zaczął czytać. Prawie ją skończył, gdy do drzwi zadzwonił tatuś.

| Łukasz – bardzo zdolny |

– No, synku, zbieraj się. Troszkę nam się zmieniły plany, ale to nic. Po prostu zostaniemy sobie w Warszawie i też będzie fajnie. Byle nie w domu, prawda? – nieco sztucznie się roześmiał i znów spojrzał na zegarek, jakby strasznie się śpieszył.

| Tata Łukasza – zmienia plany |

– Mama chciała, żebyś zobaczył, co z pralką, bo cieknie.

– Teraz nie mogę. Niech wezwie kogoś… Teraz nie mogę – powtórzył i zaraz wyszli.

Łukasz był trochę rozczarowany, że nie jadą na Mazury, ale ojciec przez całą drogę mówił mu, że jutro pójdą na kręgle, że będą oglądać filmy, że razem pograją na komputerze, że pokaże mu fajne strony i że połażą sobie po fotoblogach ludzi z różnych stron świata i poszukają zdjęć pająków. Gdy weszli do ich starego mieszkania, Łukasza uderzyło, że wszystko tu jest inaczej. Tapety zniknęły, ściany były ciemnopomarańczowe, meble zupełnie inne, na podłodze parkiet. Nawet łazienka miała kafelki w innym kolorze i prysznic zamiast wanny, a w jego pokoju stało wielkie drewniane łóżko, na którym zmieściłyby się ze cztery osoby.

– Cześć, Łukasz. Słyszałam o twoim sukcesie. Potargana ostra facetka też była niezła. Czwarte miejsce to też coś. Pozdrów ją – powiedziała z uśmiechem pani Iwona. – Rany, ale mi niedobrze… Musicie, chłopcy, radzić sobie sami… – I znikła w dawnym pokoju Łukasza.

– To co, głodny jesteś?

– Trochę – niepewnie przyznał Łukasz, któremu od godziny mocno burczało w brzuchu.

– To weź sobie coś z lodówki, a potem włącz jakiś film. Ja zobaczę, co z Iwoną – powiedział ojciec i zniknął za drzwiami.

Łukasz zjadł, obejrzał film, a gdy szedł do łazienki, zobaczył, że w pokoju, gdzie stało duże łóżko, jest już zgaszone światło. Zrobiło mu się trochę przykro, że nikt mu nie powiedział „dobranoc", ale co tam! Jutro pójdą na kręgle, do kina i… w ogóle jutro na pewno będzie bardzo fajnie.

ROZDZIAŁ XIII

Ola

Ola leżała w łóżku. Wydawało jej się, że jest bardzo zmęczona, a teraz jakoś nie mogła zasnąć. Wciąż myślała o tym, że Łukasz wyjechał. Od jakiegoś czasu nie bawiło jej spotykanie się z innymi dzieciakami. Owszem, na podwórko wychodziło sporo fajnych osób, bo wciąż była ładna pogoda, ale bez Łukasza było jakoś tak… nudno. Dla poprawy nastroju przypomniała sobie moment, gdy ogłoszono wyniki i okazało się, że Łukasz wygrał. Mogła o tym myśleć bez końca. Jak fajnie się skupił! Miał takie zmarszczone czoło. Niemal słyszała jego myśli, gdy rzucał z furią rzutkami. A potem zaczęła sobie wyobrażać, że po wręczeniu nagród podchodzi do niej dziennikarz i pyta, kim dla niej jest Łukasz, i Ola odpowiada bardzo wolno i bardzo wyraźnie: „To mój chłopak". I wtedy nagle się ocknęła. Odrzuciła kołdrę i usiadła na łóżku zupełnie wybudzona.

A jeśli on już całował się z jakąś dziewczyną? Koniecznie musi go o to zapytać. A co zrobi, jeśli on powie, że tak? Co wtedy? Wtedy będzie mogła mu spokojnie powiedzieć, że ona już też. Wyjdzie remis. A co zrobi, jak on powie, że nie? Wtedy będzie gorzej. Przyszło jej nawet do głowy, żeby kogoś poprosić, może Marcelę… Nie, Marcela odpadała. A potem zaczęła myśleć o jutrze.

Jutro był ważny dzień. Miała bić się z Adamem. Umówiła się z nim jeszcze w piątek, zaraz po lekcjach, i wcale się tego nie bała. Wręcz przeciwnie – czuła się mocna. Nie wiedziała, co Adam Łukaszowi zrobił, ale po zachowaniu ich obu domyśliła się, że coś złego. Znała dobrze Adama i wiedziała, że z nim można załatwić sprawę tylko siłą, bo tylko ten argument uznaje, a ponieważ w tej materii nie mogła na Łukasza liczyć, wzięła sprawy w swoje ręce. Gdy teraz o tym wszystkim myślała, była tak pewna zwycięstwa, że zasnęła z uśmiechem na ustach.

*

Ola – nudzi się bez Łukasza

Ola – rozwiązuje problemy siłowo

– Co się dzieje?!

Mama podbiegła do drzwi i szybko je otworzyła. Baśka wybiegła za nią w koszuli nocnej, a Ola na bosaka za nimi.

Na korytarzu nie było nikogo, usłyszały tylko tupot czyichś uciekających nóg.

– A co to jest?

Na przeciwległej ścianie ktoś namazał czarnym lśniącym markerem wielki napis:

AM+ŁT=WM

– Co to ma być?

Mama podeszła do napisu i z bardzo bliska go oglądała, jakby liczyła, że ten, kto to zrobił, zostawił autograf.

– Ola, ty wiesz coś o tym?

– Nie – wrzasnęła Ola.

– Akurat. Co to znaczy?

– Mamo, daj spokój, to zwykła dziecinada – powiedziała Baśka i ziewnęła szeroko. – Normalka dla dzieciaków w wieku Olki. Też sto lat temu przez to przechodziłam. Aleksandra Mróz i ktoś tam równa się wielka miłość. Dobranoc, ja się kładę.

– Czyli to sprawka twoich kolegów z klasy, tak? Co to za mazanie po ścianach! Chuligani! Który to zrobił?!

Ola pognała do łóżka, zanim mama zobaczyła, że ona ledwo może powstrzymać uśmiech. Ktokolwiek to napisał, sprawił Oli wielką radość. Właściwie pragnęła teraz, żeby cały świat się dowiedział, że ona i ŁT równa się wielka miłość. Najlepiej, żeby to ogłosili w wiadomościach na wszystkich programach. Przeszczęśliwa, z uśmiechem na ustach, mamrocząc wciąż litery tego napisu, usnęła twardym, zdrowym snem.

> Ola – radość z tego, że jej miłość nie jest tajemnicą

*

Adam już czekał. Tak, jak Ola przewidywała, zabrał ze sobą swoich kumpli. Była też Marcela, która jak zawsze wszystko wiedziała, i jeszcze kilkoro dzieciaków, które po prostu wyszły w sobotę na podwórko i przypadkowo trafiło im się coś ciekawego.

Ola pewnym krokiem podeszła do Adama. W zeszłym roku w szkole mieli cykl pogadanek o tym, jak unikać agresji, i Ola bardzo dobrze pamiętała, że zawsze trzeba spróbować załatwić sprawę polubownie. Siły używa się tylko w obronie własnej. Teraz, żeby nie mieć do sobie pretensji, a co ważniejsze – żeby potem móc wszystkim z ręką na sercu przysiąc, że zrobiła wszystko, co mogła, by załatwić rzecz bez użycia siły – wysunęła bojowo brodę i hardo zwróciła się do Adama:

– No to co, gnojku? Powiesz mi czy nie?

– Nie. Jak się boisz, głupia babo, to możesz odejść – odparł Adam, bo też chodził na te zajęcia i też w razie kłopotów chciał móc mówić, że był nastawiony pokojowo.

– Ty zaczynasz – powiedziała Ola.

– Nie, ty.

Adam bił się często i wiedział z doświadczenia, że kiedy o sprawie dowiadują się dorośli, pierwsze ich pytanie zawsze brzmi: „Kto kogo uderzył pierwszy", więc trzeba zrobić wszystko, żeby nie być tym pierwszym.

Ola też miała w bójkach niemałe doświadczenie i też za nic w świecie nie chciała być pierwsza.

> Ola – doświadczenie w bójkach

– Ty głupi matole bez mózgu! – wysyczała, żeby go sprowokować.

– Tchórzliwa baba. Galareta z ADHD!

– Kurduplasty flak!

– A ty jesteś brzydka, wiesz? Masz prostacką gębę.

– Debil!

– Idiotka! Moja mama mówi, że masz robaki w tyłku!

– Ja przynajmniej mam robaki w tyłku, a ty w mózgu!

– Wielkie uszy!

– Wcale nie mam wielkich, tylko odstające! – zaśmiała się Ola. – Nędzny Czupurek!

> Ola – ma odstające uszy

– Kto? – nie zrozumiał Adam.

– Czupurek, kretynie! Taki kurczak maminsynek – wyjaśniła Ola. – Nie znasz tego przedstawienia? Nieuk!

– Gruby tyłek!

Dość długo ubliżali sobie nawzajem, ale żadne nie dało się sprowokować.

– No bijcie się już, bo zaraz po mnie wujek przyjeżdża! – krzyknął Paweł, zawiedziony rozwojem wypadków.

Po kilku sekundach za ich plecami rozległ się charakterystyczny huk. Zderzyły się dwa samochody!

– Wypadek! – krzyknął ktoś i wszystkie dzieci popędziły zobaczyć, co się stało.

Ola zerknęła na Adama, on na nią i pobiegli za innymi w stronę dwóch wrzeszczących na siebie kierowców.

Niedoszła bójka Oli i Adama

Do bójki nie doszło.

*

Ola bardzo chciała powiedzieć Łukaszowi o tym, że chciała się bić, że wszystko wie, że niczego się nie boi i nikomu nigdy nie pozwoli Łukasza denerwować. Przez całą sobotę szalała po podwórku na rowerze i układała sobie w głowie całe przemówienie. Wiedziała, że nie musi się jakoś specjalnie śpieszyć, bo zobaczy go dopiero w poniedziałek w szkole. Wpadła do domu zziajana, tylko po to, żeby coś zjeść, i znów wyjść na rower, gdy zobaczyła, że Łukasz i jego mama siedzą u nich przy stole.

Tata Łukasza – nie dotrzymuje danego słowa

– ...cały on... jak zawsze... kompletnie nieodpowiedzialny człowiek. Po prostu dzwoni, że mam go zabrać...

Ola stała w przedpokoju i przez chwilę podsłuchiwała, ale ciocia Beata ją zobaczyła.

– O, Oleńka!

– Chodź, Ola, przywitaj się.

– Dzień dobry, ciociu. Cześć, Łukasz. Miało cię nie być trzy dni – powiedziała dziwnym tonem, bo bardzo nie chciała, żeby mamy wyczuły, jak bardzo się cieszy. – Miałeś łowić z tatą ryby...

– Ola! Jak ty się zachowujesz? Przepraszam was za nią. Zawsze coś chlapnie. Dobrze, że jesteś. Szybko myj ręce, zjedz coś i idźcie sobie pobiegać. I bez grymasów. Nałóż też Łukaszowi i zjedzcie w kuchni.

Gdy tylko zostali sami, Ola szepnęła:

– Co się stało?

– Tatuś... Tatuś...

Łukasz – płacze pod wpływem emocji

Łukasz trzymał fason, gdy był z mamą i ciocią. Teraz, gdy zobaczył Olę i to, jak bardzo ucieszyła się na jego widok, całkiem się rozkleił. Łzy zaczęły mu po prostu same płynąć.

– Dobra, potem mi powiesz. Chodź na podwórko.

– Ola? Co tu się dzieje?

– Nic.

– Co zrobiłaś Łukaszowi, że on płacze?

– Nic. Ciociu, ja tak… byłem bardzo głodny…

– Aha. Ale już dobrze?

– Tak.

– To idźcie się pobawić.

– O rany, mamy są niesamowite! Wystarczy im powiedzieć cokolwiek. O, Adam! Wiesz, to okropny chłopak. Powiedział o mnie „gruby tyłek"…

Ola przedstawiła Łukaszowi mocno okrojoną wersję wydarzeń.

– Co? Tak o tobie powiedział?

Łukasz podszedł do Adama i z całej siły rąbnął go bykiem[3] w brzuch.

> Uderzenie Adama przez Łukasza za znieważenie Oli

– Brawo! – wrzasnęła Ola. – Dobrze mu tak! Ale się fajnie zwinął!

– Uważaj, Tomaszewski. Zaraz coś twojej dziewczynie pokażę!

– Co takiego? – zainteresowała się Ola i wyciągnęła do Adama rękę, żeby szybciej wstał i jej pokazał.

Ale Adam zawahał się. Chociaż miał list napisany ręką Łukasza w tylnej kieszeni spodni, teraz wcale nie chciał go wyjąć. Uświadomił sobie, że gdyby to zrobił, straciłby wszystkie atuty. To byłby koniec sprawy. Nie wolno mu nigdy pokazać go Oli, musi ich tylko tym straszyć.

– Nic.

– Pokazuj!

– Łukasz, o co chodzi?

Łukasz zrobił się blady, ale właściwie w tym momencie nadbiegła Marcela, krzycząc:

– Łukasz, moja mama wszystko widziała i mówi ci, że nie wolno bić małych chłopców. Nie może silniejszy rzucać się na takiego kurczaka jak Adam. Nie bije się słabszych… i głupszych! – dodała, ale już chyba od siebie.

---

[3] *rąbnąć bykiem* – uderzyć głową w brzuch.

Nagle zrobiło się strasznie cicho. Adam uważany był za postrach podwórka. Nikt nie zwracał uwagi na to, że jest dość niskim i drobnym chłopcem. Dopiero teraz dzieciarnia spojrzała na Adama innym okiem.

Adam – poniżony
w oczach dzieci

– Adam, ty kurczaku, nie skacz do większych i silniejszych.

– No, on jest nawet niższy ode mnie!

– Kurczak!

– Ty, Kurczak, co masz do pokazania? Skrzydełko czy nóżkę?

Adam z wściekłości zrobił się blady jak ściana i zacisnął pięści. Nerwy mu puściły i wrzasnął:

– Zobacz, jaka jest prawda o twoim Łukaszku! – rzucił Oli w twarz kartkę.

Ola wolno, jak na nią to nawet wolniusieńko, schyliła się, podniosła i obejrzała kartkę, nie rozkładając jej.

Łukasz, czy tam jest coś ważnego? – zapytała cichym, opanowanym głosem.

– Nie – szepnął przerażony tym wszystkim Łukasz.

Zniszczenie przez Olę kartki,
którą Adam szantażował
Łukasza

Ola spojrzała w twarz Adamowi, który wciąż masował sobie brzuch, i wolniutko zaczęła drzeć kartkę na maleńkie kawałeczki.

– Nie drzyj, zobaczymy!

Marcela chciała jej przeszkodzić, ale Ola odepchnęła ją i dokończyła swego dzieła, po czym wolnym krokiem podeszła do kosza i z rozmachem wyrzuciła kłąb strzępków. Potem oboje z Łukaszem spojrzeli na siebie, wzięli się za ręce i ruszyli do domu.

– Zakochana para! – krzyknął ktoś za nimi.

– A żebyś wiedział! – odkrzyknęła Ola.

*

Mama Łukasza –
przeżywa rozstanie z mężem

Wpadli do mieszkania Oli. Nie był to najlepszy moment, bo mama Łukasza właśnie łkała w chusteczkę, więc kazano im zaraz iść do pokoju Oli.

Wskoczyli na łóżko, usiedli po turecku i wszystko kolejno omówili, a potem obgadali Adama. Łukasz dokładnie Oli opowiedział, co było na tej kartce i jak doszło do tego, że ją napisał.

– I tym się tak przejmowałeś? – szczerze zdziwiła się Ola. – Przecież ja nigdy bym nie uwierzyła. Wiesz co? Możemy się umówić, że tylko jak sobie coś powiemy w oczy, to wierzymy. Wtedy takie głupki jak Adam nic nam nie zrobią. Dobra?

Łukasz spojrzał na nią zachwycony. Przy Oli wszystko stawało się takie proste, a Adam był po prostu zwykłym głupkiem. Właśnie zachodziło słońce i mieszkanie rozświetlił pomarańczowy blask, tak jak Łukasz lubił. Włosy Oli mieniły się rudawo. Łukasz zebrał się w sobie.

– Ola, już dawno chciałem ci powiedzieć…

– Co? – spytała Ola.

– Coś bardzo ważnego, co wszyscy sobie mówią. Na „ka" – zakończył z namaszczeniem.

– No to mów – zawadiacko powiedziała Ola.

Wbiła w Łukasza wyczekujące spojrzenie. Poczuła, że bardzo chce teraz od Łukasza to usłyszeć.

– A wiesz co?

– Wiem. Mów już – zdenerwowała się Ola.

– Może ty pierwsza – zaproponował Łukasz, ale zaraz pomyślał, że znów będzie jak z tym całowaniem – Ola zawsze będzie od niego lepsza. Cichutko, prawie szeptem powiedział: – Kocham cię.

> Wyznanie Oli miłości przez Łukasza

Ola była pewna, że teraz ją pocałuje te zaległe dwa razy, ale on nadal siedział po turecku i wyglądał, jakby przed chwilą ktoś uderzył go mocno w głowę, więc wzięła go za ręce i popatrzyła mu w oczy.

– Dwa razy, żeby było sprawiedliwie. Jesteś mi winny dwa razy.

Łukasz poczuł, że robi mu się gorąco, ale było to przyjemne gorąco. Wolniutko, jakby się bał, że coś potłucze, pocałował Olę w usta.

– Jeszcze raz – powiedziała Ola, nie otwierając oczu.

– Może jutro – zaproponował Łukasz.

– Teraz. – Ola była twarda.

Łukasz po raz drugi zebrał się w sobie.

> Ola – uparta

– Dzieci, jedzonko… Co tu się dzieje?!

Na progu pokoju stała mama Oli. W obu rękach trzymała tacę z kanapkami i herbatą, a w jej głosie nie było pytania, tylko… wściekłość.

> Przyłapanie dzieci przez mamę Oli na pocałunku

*

– Co tu się dzieje?! – powtórzyła mama Oli. – Co wy robicie?! Dlaczego światło jest zgaszone? Proszę do nas.

Ton mamy był bardzo nieprzyjemny. Ola i Łukasz poczuli się bardzo głupio. Zupełnie nie rozumieli, dlaczego mama Oli aż tak się wścieka. Szczególnie Ola była zdziwiona, bo mama nieraz widziała, jak Baśka się całuje, i wcale jej to nie przeszkadzało. Ola co prawda specjalnie się nie przejęła wybuchem mamy, która wiecznie o coś się na nią złościła, ale gorzej było z Łukaszem. Zawsze robił wszystko, żeby nikt się na niego nie denerwował, więc nie miał żadnej wprawy w awanturach, i teraz naprawdę się przeraził.

> Łukasz – przestraszony awanturą

– Beatko, twój syn zaczyna przejmować zwyczaje swojego ojca – zaczęła mama Oli. – Za dużo sobie pozwala. Chyba rzeczywiście nie powinien już do nas przychodzić...

– Czy coś się stało? – zapytała wesoło mama Łukasza.

– Stało się. Proszę bardzo, powiedz swojej mamie, co robiłeś. No, nie stój tak. Powiedz! Trochę odwagi cywilnej. Mama na pewno się ucieszy, jak się dowie, na kogo wychowała syna.

– Co on zrobił? – ton mamy Łukasza nie był już wesoły.

– Niech sam ci powie – uśmiechnęła się szyderczo mama Oli.

– Łukaszku, słucham cię... – mama Łukasza podeszła do niego i chwyciła go za ramię, jakby się bała, że jej ucieknie.

– No powiedz mamie, nie wstydź się.

Przez kilka minut obie mamy na przemian naskakiwały na Łukasza i kazały mu przyznać się do tego, co zrobił. Obserwując to, Ola pomyślała, że obie zachowują się bardzo śmiesznie, ale gdy spojrzała na Łukasza, od razu zrozumiała, że jego ta sytuacja wcale nie śmieszy.

– Całowaliśmy się. Ojej, wielkie rzeczy. – Ola wzruszyła ramionami.

– Co takiego?! Całowałaś mojego syna? Łukasz, czy to jest prawda?

– Tak – wydukał ledwo żywy z przerażenia Łukasz.

– No, pięknie! Oleńko, jak ty możesz...

– Oleńko?! Chyba się, Beatko, trochę zagalopowałaś. To twój syn całował moją córkę. To jest chłopak! Ona jest dziewczynką! Cicha woda z niego! Jeśli w tym wieku tak się zachowuje, to co będzie za kilka lat!

– Łukasz to jeszcze dzieciak. To na pewno Oli pomysł. Oleńko, proszę, przyznaj się.

– Do czego? – szczerze zapytała Ola.

– Które z was zaczęło?

Ola westchnęła. Zawsze to samo. Dla mam zawsze liczy się tylko, kto zaczął, tylko to jedno. Niczego innego nie chcą słuchać.

– Po prostu się całowaliśmy. Wszyscy się całują. Baśka cały czas się całuje, i to jak, i jej się nie czepiasz.

– Ale ile ona ma lat, a ile ty?! Basia ma swoje życie, a ty jesteś jeszcze dzieciak! – powiedziała mama Oli. Zerknęła na mamę Łukasza i widząc, że ta już się uspokoiła, bo uważa, że wszystkiemu winna jest Ola, zaraz zmieniła front. – Dziecko kochane, co wam przyszło do głowy? Ola nigdy nie miała takich pomysłów. Chyba te wizyty Łukasza to rzeczywiście nie najlepszy pomysł.

– My już pójdziemy. Chyba rzeczywiście Ola ma na Łukaszka zły wpływ.

– Nie broń go!

– Wszyscy wiedzą, jaka jest Ola, a jaki jest Łukasz.

– No jaka niby?

Oli zrobiła się bardzo miło, że mama tak jej broni.

– No... – Mama Łukasza zawahała się.

– No powiedz. Śmiało!

– Rozbiegana, źle wychowana, nachalna, prze- klina, jest agresywna...

Mama Łukasza – o Oli

– Ola, ty przeklinasz?

– Tylko jak już naprawdę muszę – przyznała się Ola, ale mamie jej odpowiedź nie przypadła do gustu.

Za to mamie Łukasza bardzo się spodobała.

– Sama widzisz! – zawołała ucieszona. – I już więcej mi nie mów, że dziecko można dobrze wychować w pojedynkę. Niestety, Aneczko, czuje się u was permanentny brak ojca...

– Ty już też nie masz ojca dla Łukasza. Makary odszedł. Jesteś kobietą samotną, więc nie dogaduj mi...

– Jesteś podła. Makary na razie jeszcze mnie nie porzucił...

– Oczywiście, że cię porzucił! Nie okłamuj się!

Obie mamy, zupełnie zapominając o tym, od czego ta kłótnia się zaczęła, nagle zaczęły wyrzucać sobie ja-

Kłótnia mam Oli i Łukasza

kieś sprawy ze szkoły. Okazało się, że Ania Beacie nie może zapomnieć, że ta na nią nie poczekała kiedyś tam po jakiejś szkolnej dyskotece, a z kolei Beata do dziś pamięta, że Ania pożyczyła od niej pięćdziesiąt groszy na ciastko i do dziś nie oddała. Ola i Łukasz stali i słuchali. Dla

Łukasza było to bardzo ciekawe, Olę jednak to znudziło, więc postanowiła pójść do kuchni i zrobić sobie coś do picia.

– A ty dokąd?

– Pić mi się chce.

– Świetnie wychowałaś córkę. Genialnie. I ty chcesz udzielać mi rad? Dobre sobie! Łukaszku, idziemy. Zabierz wszystkie swoje rzeczy.

– Koniecznie, Łukaszku, zabierz, bo raczej już nie będziesz miał okazji bywać w moim domu.

Ola i Łukasz tylko zerknęli na siebie. Nie powiedzieli sobie ani „cześć", ani nic innego.

Gdy zostały same, Ola myślała, że już do tego tematu nie wrócą. Okazało się jednak, że mama nie uważa sprawy za zakończoną.

– Czy musiałaś się całować z tym Łukaszem? Co ci strzeliło do głowy?

– Sama chciałaś, żebym go polubiła – zdenerwowała się Ola. – To go polubiłam. Tak jak chciałaś.

– Nie odwracaj kota ogonem. Taki wymoczek.

Ola – staje w obronie Łukasza

– On nie jest żadnym wymoczkiem. Kiedyś mówiłaś, że jest mądry, że umie liczyć!

Mama Oli – o Łukaszu

– Nic takiego nigdy nie mówiłam. Od początku mi się nie podobał i nigdy go nie lubiłam. Od razu zauważyłam, że ma w oczach coś, co mi się nie podoba. Jest wymoczkiem, mydłkiem do sześcianu! Na szczęście już koniec z jego wizytami. Co za podła małpa z tej Beaty...

– Jak to koniec? Ale ja nie chcę! On musi przychodzić!

– Przestań mi tu krzyczeć. Dopóki mieszkasz pod moim dachem, będziesz robić to, co ja ci każę. Nie przyjdzie tu już nigdy i kropka. Po co te wrzaski? Zresztą nie masz się co pieklić, bo to i tak nie pomoże – twardo zakończyła mama.

Ola popatrzyła na mamę, która jeszcze mruczała pod nosem:

– Taki wypłosz, mydłek, mikrus. I ona mi zwala na moją Olkę...

– Chcę do taty! – wypaliła Ola.

Mama raptownie odwróciła się w jej stronę.

– Chcę do mojego tatusia, słyszysz?!

– Słucham?!

Ola – chce się wyprowadzić z domu

– Nie chcę już mieszkać z tobą! Ty nic nie rozumiesz! Chcę do taty! On jest lepszy od ciebie!

– Proszę cię bardzo! Droga wolna! Dać ci telefon? Chcesz dzwonić? No już, pakuj się i jedź! U macochy na pewno będzie ci lepiej! Podać ci walizki? Drzwi stoją otworem. Na pewno twój kochany tatuś bardzo się ucieszy, a macocha będzie wprost zachwycona!

Ola pomyślała, że już dawno powinna się stąd wynieść. Na pewno wszędzie będzie jej lepiej niż tu, z tą okropną mamą, która wiecznie wszystkiego się czepia. Co z tego, że nie zna taty, przecież to jej tata i na pewno ją chętnie przyjmie, da jej najlepszy pokój i nie będzie się nigdy czepiał. I na pewno polubi Łukasza.

Kiedy mama weszła na stołek i naprawdę wyjęła z szafy walizkę, Ola poczuła, że strasznie drży jej broda.

– Cieszę się, że się stąd wyprowadzam.

– To może powiesz tacie o swoich planach? – podsunęła mama.

– Zadzwonię do niego i zaraz po mnie przyjedzie – powiedziała Ola.

– Świetnie. Zadzwoń do niego. Jak chcesz, ja zacznę rozmowę, żeby ci było łatwiej.

I tak się stało.

Mama wybrała numer, potem bardzo miłym głosem, w którym nie było nawet śladu po awanturze, powiedziała:

– Dzień dobry pani, tu Anna Mróz. Czy zastałam Wojtka? Dziękuję, jego córka chce z nim rozmawiać… Dzień dobry… Oleńka ma do ciebie sprawę… Oluś, proszę bardzo. Masz swojego ojca.

Podała Oli słuchawkę i wychodząc z pokoju, bardzo dokładnie zamknęła za sobą drzwi.

*

Ola ostrożnie odłożyła słuchawkę. Czuła się dziwnie. Było jej zimno. Siedziała po ciemku w swoim pokoju i przygotowywała się psychicznie do tego, żeby teraz wyjść i iść do mamy. W końcu nacisnęła klamkę.

Mama siedziała przy stole w kuchni nad pustym kubkiem po kawie. Spojrzała na Olę, ale nie odezwała się słowem.

Ola kilka sekund stała bez ruchu, czując, że broda znów zaczyna jej dygotać. Dopiero gdy mama wyciągnęła do niej ręce, rzuciła się jej na szyję.

– Mamo, przepraszam cię! – z całej siły się do niej przytuliła.

Pogodzenie się Oli z mamą

– I ja cię przepraszam, kochanie – mama też z całej siły przytuliła szlochającą Olę.

– Kochasz mnie, prawda?

– Kocham cię najmocniej na świecie.

– A Baśkę? – przytomnie zapytała Ola.

– Baśkę też najmocniej.

– Ja ciebie też kocham... Schowałaś walizkę?

– Oczywiście. I co ci powiedział tatuś?

– Nic, tylko że jutro wylatuje do jakiegoś hamburgera.

– Hamburga – roześmiała się mama.

– Ta pani... wiesz? Była dla mnie bardzo miła... Strasznie długo ze mną rozmawiała i wytłumaczyła mi, że muszę cię przeprosić, że nigdzie nie będzie mi tak dobrze jak u ciebie, że ty mnie bardzo kochasz i że nigdy nie powinnam się z tobą kłócić.

– Ach tak!

– Powiedziała mi jeszcze, że u nich jest ciasno, bo mają swoje dzieci, i że mój dom jest tutaj, i żebym już nigdy więcej nie miała takich pomysłów, bo tylko ty jakoś ze mną wytrzymujesz.

– To nieprawda. Wszyscy cię lubią. – Mama pocałowała Olę w czółko.

– Mamo, przepraszam cię i... nie muszę się tam wyprowadzać, do ich dzieci, prawda?

– Pewnie, że nie musisz.

Ola nagle poderwała głowę i spojrzała na mamę.

– To po co mi mówiłaś, że droga wolna i wyjęłaś mi walizkę? Wiesz, jak ja się zdenerwowałam przez ciebie? Ty wiesz, jak mi serce biło? Nigdy mi tak już nie mów.

– Ale ty też mi tak nie mów, dobrze?

– Dobrze... Mamo, powiem ci coś strasznego, dobrze? – i nie czekając, czy mama się zgodzi, szybko wyrzuciła z siebie: – Wiesz, ja nie kocham tatusia.

– Wiem, kochanie, ja go też nie kocham.

– A właściwie co to jest ta miłość? Tyle wszyscy o niej gadają.

– Ja osobiście już za dobrze nie pamiętam, ale to coś miłego. Jak kogoś kochasz, to żyć ci się chce, chcesz go widzieć, słyszeć, być z nim.

Mama Oli – o miłości

– Ale powiedz mi tak dokładniej – nie ustępowała Ola.

– Ale jak dokładniej? Miłość to jest coś takiego, że jak masz dwie rzeczy – lepszą i gorszą, to tę lepszą oddasz temu, kogo kochasz.

– A to dotyczy też malinówek?

– Jakich malinówek?

– Zwykłych, najzwyklejszych malinówek.

– Nie wiem, o co ci chodzi.

– Trudno, to mów dalej.

– Więc miłość…

Ola uśmiechnęła się pod nosem, że mama zaczęła zdanie od „więc", ale jej nie przerwała.

– Lubisz tego, kogo kochasz, i to, co on lubi, ty też lubisz, i wszystko ci jedno, co z nim robisz, byle razem, i lubisz jego rzeczy, i masz zawsze dla niego czas, i nigdy się z nim nie nudzisz.… Ten ktoś jest dla ciebie najważniejszy na świecie.

– A można mieć dwie albo trzy osoby najważniejsze na świecie?

– Można.

– To bardzo dobrze! – odetchnęła z ulgą Ola, podeszła do szafki i zaczęła się bawić wiszącą na uchwycie ściereczką.

– Ola, wiesz, czego ci zazdroszczę?

– Ty mnie? Czego?

– Że niczym się nie przejmujesz.

– Ja się przejmuję wieloma rzeczami, ale tyle, ile trzeba. A ty, mamo, zawsze przejmujesz się za bardzo, wiesz?

– Wiem, masz rację.

– Mogę teraz iść kupić sobie coś słodkiego?

– Możesz. Kup i dla mnie. Czuję, że mogłabym zjeść dwie tony cukru. Albo wiesz co? Pojedziemy do babci. Na pewno siedzi tam sama, biedaczka. Kupimy słodycze po drodze, dobrze? A gdzie przez cały dzień podziewa się Baśka?

ROZDZIAŁ XIV

Łukasz

Łukasz z mamą wracali do domu w milczeniu, ale nie było to dobre milczenie. Oboje czuli, że z każdym krokiem mają do siebie coraz więcej pretensji i uraz. Łukasz dużo by dał, żeby mama już do tego tematu nie wracała, ale po tym, jak szybko maszeruje i jakie ma zaciśnięte usta, wiedział, że muszą odbyć dziś długą i męczącą awanturę, po której mamę rozboli głowa, i mama zrobi sobie kawę, a potem do rana nie będzie mogła zasnąć. Rano wstanie z wielkimi worami pod oczami i powie: „Łukaszku, niepotrzebnie się tak kłócimy". Tego scenariusza Łukasz był absolutnie pewny, ponieważ tak było za każdym razem.

Nagle zachciało mu się śmiać. Pomyślał, że mogliby oszczędzić sobie wszystkich punktów programu i przejść od razu do tego ostatniego zdania. Spojrzał na mamę, czy czasem jej tego nie zaproponować, ale mina mamy wskazywała, że niestety, nie ma co liczyć na zmianę scenariusza.

Mama właśnie przekręcała klucz w zamku i Łukasz nagle pomyślał, że... wszystko – awantura, krzyki, łzy mamy, jej kawa i nieprzespana noc – jest nieważne w obliczu tego, co się stało. Pocałował się z Olą! I to w sumie cztery razy! To jest coś! I nie było to jakieś głupie całowanie na szkolnej dyskotece. To się nie liczyło. Jego całowanie było najprawdziwsze na świecie! Z miłości i z prawdziwą jego dziewczyną!

Łukasz – radość z pocałowania Oli

Łukasz zerknął na siebie w lustrze i doszedł do wniosku, że nawet nie zauważył, kiedy przestał się garbić, a w oczach ma teraz coś... chyba dumę... Tak, Łukasz był z siebie dumny i zadowolony. Nagle przyszło mu do głowy, że jest całkiem niebrzydki. Nachylił głowę do lustra i zaczął dokładnie przypatrywać się swoim ustom. Był ciekaw, czy teraz będzie widać, że te usta już się całowały. Niestety, były takie same jak zwykle.

Łukasz – zmiana zdania o swoim wyglądzie

„I co z tego? Najważniejsze, że ja wiem" – pomyślał i zaraz postanowił, że już nigdy nie będzie się garbić. Musi się trzymać prosto, bo garbią się tylko ci, którzy się jeszcze nie całowali.

– Czy ty mnie w ogóle słuchasz?

– Oczywiście, mamo.

– To powtórz, o co cię pytałam.

– Nie wiem.

– Czyli mnie nie słuchałeś.

– Nie. Przepraszam…

– A o czym myślałeś?

Łukasz poczuł panikę. Nie mógł mamie powiedzieć, że o Oli, o całowaniu, o sobie, o garbieniu się. Wtedy na pewno by się wściekła, ale nagle, chyba pierwszy raz w życiu, pomyślał, że mama i tak się wścieknie – bez względu na to, co o jej powie.

– Myślałem o sobie i Oli.

– To przestań o niej myśleć, bo już jej więcej nie zobaczysz.

> Łukasz – zdobywa się na odwagę w rozmowie z mamą

– Zobaczę – odparł hardo i sam się zdziwił, że w ogóle umie się tak odezwać do mamy, po czym szybko, dopóki czuł w sobie odwagę, dodał: – Kocham ją! Ona jedna na całym świecie jest dla mnie dobra!

– Słucham?! Co to miało być?! Co ty za bzdury opowiadasz! Namieszała ci ta dziewucha w głowie! Marsz do swojego pokoju! Albo nie, stój prosto i słuchaj, co mam ci do powiedzenia… Nie dość, że jesteś…

Zawsze podczas awantur z mamą Łukasz przy tych słowach zaczynał płakać. Jednak nie tym razem. Tym razem spojrzał na zegarek i pomyślał: „Ciekawe, co jest teraz w telewizji…".

> Łukasz – awantury z mamą nie robią już na nim wrażenia

*

– Co robisz, mamo?

– Łukaszku, kochanie, po co my się tak kłócimy? Mamy teraz tylko siebie…

Łukasz słowem nie skomentował tej liczby mnogiej. Stał i czekał na rozwój wypadków.

– Kochanie, po tej kawie, niepotrzebnie ją wypiłam, oka nie zmrużyłam i wszystko sobie przemyślałam. Niczym się nie martw. Pójdę dziś z tobą do szkoły i wszystko załatwię. Nie patrz tak. Muszę porozmawiać z wychowawczynią, a ty pamiętaj, że nie wolno ci się zbliżać do tej dziewuchy. Nie rozmawiaj z nią, a jak zacznie coś gadać, to odejdź bez słowa. Łukasz, czy ty mnie słuchasz?

– Słucham – powiedział zrezygnowany Łukasz.

Mama była już umalowana, worki pod oczami miała dokładnie zamalowane, ubrana była elegancko, pachniała i Łukasz czuł, że nic jej już nie odwiedzie od pomysłu narobienia mu wstydu w szkole. Szedł za mamą zrezygnowany, po drodze kilka osób powiedziało mu „cześć", ale on nie reagował. Martwił się, czy mama nie zrobi awantury Oli.

Łukasz – martwi się o Olę

Pójście mamy Oli i mamy Łukasza do szkoły w sprawie dzieci

W szkole czekała mamę Łukasza niemiła niespodzianka. Mama Oli już stała przed pokojem nauczycielskim. Kurczowo trzymała Olę za rękę, jakby się bała, żeby ta jej nie uciekła. Mama Łukasza też go szybko wzięła za rękę.

– Nie rozumiem, po co przyszłaś. I tak każdy wie, jaka jest twoja Ola, a jaki jest mój Łukasz. Zabieram Łukasza z tej szkoły. Nie mogę pozwolić, żeby...

Ola i Łukasz zerknęli na siebie. Ola mrugnęła do Łukasza, a on do niej. Za plecami swojej mamy Ola poruszała ustami, wyraźnie chcąc mu coś powiedzieć, ale mama trzymała Łukasza tak mocno za rękę, że nie mógł się skupić i nie rozumiał, co Ola mówi.

– A ty masz bardzo grzecznego synka. Łukaszku, czy mówiłeś mamie, że zniszczyłeś ścianę na naszym korytarzu?

– Nie mówiłem...

– Widzisz! – zawołała z satysfakcją mama Oli.

– ...bo ja nic nie zniszczy...

W tym samym czasie Marcela, która już od dłuższego czasu stała za rogiem i z przyjemnością słuchała kłótni obu matek, nagle wpadła na genialny plan, żeby trochę podgrzać atmosferę. Zbiegła do szatni i odszukała Adama. Po kilku minutach byli już pod pokojem nauczycielskim.

Marcela – nielojalna wobec Oli

– Dzień dobry.

– Dzień dobry. To koledzy, tak?

– Mama kazała mi iść do wychowawczyni i zgłosić, że w sobotę Łukasz mnie pobił na podwórku – odezwał się Adam.

– Pięknie! – mama Oli była zachwycona.

– Łukasz... – mama Łukasza zmarszczyła brwi.

W tym momencie na schodach pojawiła się wychowawczyni i obie mamy jednocześnie rzuciły się na nią, żeby opowiedzieć swoją wersję wydarzeń. Każda ciągnęła swoje dziecko za sobą.

*

– Ola, co ty tutaj robisz? Nie wolno mi z tobą rozmawiać…

– A myślisz, że mnie wolno z tobą? Też mi nie wolno, więc musimy rozmawiać bardzo szybko.

– Moja mama zmusiła tatusia, żeby mnie zabrał do siebie, żebym już ani dnia dłużej nie chodził do naszej szkoły. Mama wynajmie nowe mieszkanie, jeszcze nie wie gdzie, ale mówi, że jak najdalej stąd. Ola, boję się, że my pojedziemy do Gdańska…

– Do Gdańska? Nad morze? – przeraziła się Ola.

– Tak, bo wczoraj słyszałem…

– To nic. Ja pojadę latem na kolonie do Gdańska, to się spotkamy.

– Ale ja nienawidzę się przeprowadzać. Znów będę najgorszy…

– Nigdzie nie jesteś najgorszy. Jesteś najlepszy. Żałujesz, że się… całowałeś?

> Ola – o Łukaszu

– Nie! – szybko odparł Łukasz. – Ale moja mama się wściekła i nie odzywa się do nikogo.

– To jak szuka tego mieszkania?

– Tylko wtedy się odzywa. Długo tu stoisz? – spytał Łukasz i spojrzał do góry, na wielkiego krzyżaka wolno sunącego po pajęczynie w rogu śmietnika.

Ola też spojrzała.

– A, ten… widziałam go – wzruszyła ramionami.

> Ola – nie boi się już pająków

– Strasznie długo czekam. Co wy, wcale śmieci nie wynosicie? Widziałeś dziś, w jakich obciachowych spodniach Marcela przyszła?

> Ola – o spodniach Marceli

– Nie.

– To musisz patrzeć, jak dziewczyny się ubierają, bo… chyba mama cię woła. O rany, to ona! Chowaj się!

Ola jednym ruchem wśliznęła się za pojemnik ze śmieciami i przylgnęła do ściany. Zapach był tu obrzydliwy, czuła, że coś łaskocze ją w nogę, i na dodatek tuż przed jej nosem krzyżak opuścił się na swojej nitce i zajrzał do pojemnika. Ola ani drgnęła.

– Co ty tu... a, pająk... znów jakiś pająk – uspokoiła się mama Łukasza. – No chodź już. Tatuś przyjechał po ciebie.
Łukasz obejrzał się za siebie. Zza pojemnika wystawały nogi Oli i bez trudu można je było zauważyć, o ile się wiedziało, że ktoś tam jest.
– To krzyżak, tak, kochanie? – słodko zapytała mama. – Chyba takie lubisz najbardziej?
– Tak, to *Araneus diadematus*, ale najbardziej lubię skakuny.
– No chodź już, przestań tak się w niego wpatrywać. Idziemy.

*

Pani Iwona do nich nie wyszła. Ojciec przeprosił, wyjaśnił, że ona źle się czuje. Łukasz za bardzo się tym nie przejął. Bardziej zainteresowały go wielkie paczki w przedpokoju.
– Kupiłeś coś na Allegro?
– Tak. Ty wiesz, jakie fajne rzeczy tam można kupić?
– A co to jest?
– Wózek.
– Po co ci wózek?
– Zawsze może się przydać, prawda? – zaśmiał się ojciec. – Chłopie, co ty wyprawiasz? Co to za hece w szkole?
– Ja?
– Twoja matka mi mówiła, że jakaś dziewczyna...
– Ola, a nie jakaś dziewczyna – zdenerwował się Łukasz.
– Wszystko jedno. Za mały jesteś na latanie za dziewczynami. W ogóle powiem ci, bracie, że nie warto. Głodny jesteś?
– Tato, kiedy się znów do nas wprowadzisz?
– Nie wiem, synu, ale chyba nieprędko – mruknął ojciec.

> Tata Łukasza – zmiana stosunku do chodzenia Łukasza z dziewczynami

– Ale kiedyś na pewno, prawda?
– Jasne. Kiedyś na pewno.
– Makary! – krzyknęła z pokoju pani Iwona. – Dzwonią Pilsiki, że chcą przyjść. Skocz i kup coś dobrego, i jakieś winko dla was.
Ojciec nawet na Łukasza nie spojrzał. Natychmiast włożył buty i pobiegł do sklepu. Po półgodzinie przyszli jacyś znajomi pani Iwony i ona, już czując się chyba lepiej, powitała ich uśmiechnięta i ele-

gancko ubrana. Razem z nimi był chłopiec, Tomek, mniej więcej w wieku Łukasza. Kiedy zjedli pączki, chłopcom pozwolono wyjść na podwórko.

– Lubię twojego starego – powiedział Tomek, gdy zostali sami.

– Znasz go?

– Jasne. Odkąd zaczął chodzić z moją ciotką, ciągle go widuję.

– Z jaką twoją ciotką?

– Iwona jest siostrą mojej mamy. Rodzoną.

– Mój tatuś wcale z nią nie chodzi! Pracuje z nią! Piszą razem książkę.

– Łukasz miał ochotę przyłożyć temu Tomkowi za wygadywanie takich głupot.

– Kiedyś razem pracowali, ale teraz ciotka jest cały czas na zwolnieniu.

– Jest chora.

– Żadna chora. W ciąży jest. Ty nic nie wiesz? Przecież już po niej widać. Będzie mieć dziecko z twoim ojcem. To będzie chłopczyk. Na drugie dadzą mu Makary. Głupio, ale to po twoim ojcu…

– A co mój tatuś ma… wspólnego… – zapytał zupełnie niepotrzebnie Łukasz, bo nagle wszystko zrozumiał.

– Oni się pobrali jakoś ze trzy miesiące temu…

– Jak to pobrali?! Przecież… z moją mamą…

– Nic ci nie powiedzieli? Twoi starzy rozwiedli się już z pół roku temu. Twój ojciec wrócił do kraju, żeby się ożenić z moją ciotką. Stary, ja byłem na ich ślubie… Będą mieli dziecko i trzeba było was wyrzucić z mieszkania… Słuchaj, jak oni ci nic nie powiedzieli, to ty im nie mów, że wiesz ode mnie. No ty, coś ty… Twój ojciec idzie! – zawołał Tomek z wyraźną ulgą, bo trochę się wystraszył dziwnej bladości Łukasza.

> Łukasz – zaskoczony informacją o rozwodzie rodziców

Patrząc na niego, myślał: „W zasadzie sam nie wiem, czy mi go żal, że tak go starzy wykołowali, czy uważam raczej, że jest frajerem, bo się w niczym nie połapał…".

– Panowie! – krzyknął do nich z daleka ojciec Łukasza. – Iwona zaprasza na lody!

Łukasz patrzył na zbliżającego się ojca, coraz wyraźniej widząc jego roześmiane oczy.

Gdyby Łukasz chwilę się zastanowił, nie zrobiłby tego, ale nie zastanowił się… Podniósł czyjś rower leżący na podwórku, złapał kierownicę, tak jak uczyła go Ola, wskoczył na siodełko, też tak jak Ola go uczyła, i zanim ktokolwiek się zorientował, pomknął jak strzała przed siebie.

Łukasz – pokonuje swoje zahamowanie związane z jazdą na rowerze

ROZDZIAŁ XV

Ola

Ola postanowiła, że policzy do stu, zanim wyjdzie zza pojemnika. Liczyła i liczyła, a gdy doszła do stu, zrozumiała, że nie ma siły wyjść i nie ma też po co. Zaczęła liczyć jeszcze raz. Tym razem przy osiemdziesięciu dziewięciu osunęła się po ścianie, kucając, oplotła nogi rękami i zaczęła ze złości gryźć kciuk.

Była nieziemsko wściekła na swoją mamę, bo to ona wszystko zaczęła. Ona pierwsza. Mogła zachować się tak, jak zawsze zachowywała się wobec Baśki – udać, że nic nie widzi. Ale nie! Oczywiście musiała narobić rabanu. To wszystko przez nią.

> Ola – złość na mamę

„I co teraz? Jak mam teraz żyć? Jutro w szkole nie będzie Łukasza i co ja zrobię? Mam udawać, że wszystko jest po staremu? Jak oni wszyscy sobie to wyobrażają?"

– Ola! Ooola! – usłyszała głos swojej mamy, ale nie miała zamiaru wychodzić. Nie chciała nikogo widzieć. – Ola, jesteś tu? – mama zajrzała do śmietnika. Ola nie odezwała się ani słowem.

– Oleńko, widzę twoje nogi. Wyjdź, kochanie.

Ola wolno wyszła.

– Co się stało?

– Nic. – Ola zacisnęła usta w kreseczkę.

– Nie przejmuj się, kochanie. Masz tylu innych kolegów.

– Świetnie – fuknęła Ola.

– No chodź, pojedziemy do babci. Już do niej dzwoniłam. Zrobi dla ciebie ciasto czekoladowe. To ci na pewno poprawi humor – powiedziała mama.

„Ona nic nie rozumie. Myśli, że ciasto czekoladowe zastąpi mi Łukasza i że wizyta u babci mnie rozerwie."

> Ola – o mamie

W domu mama kazała jej się wykąpać i przebrać, a potem, gdy Ola wyszła z łazienki, spytała wesoło:

– No i co? Już lepiej?

Ola dla świętego spokoju kiwnęła głową. Nawet nie starała się mamie wytłumaczyć, że już nigdy, przenigdy, aż do śmierci, nie będzie jej lepiej. Doskonale czuła, że ani mama, ani babcia, ani nikt na całym świecie nie zrozumie, jak jest jej źle, i że dlatego nie warto nikomu o tym mówić, bo nikt jeszcze nigdy i nigdzie na całym świecie tak podle się nie czuł.

> Ola – rozgoryczona rozłąką z Łukaszem

*

Babcia otworzyła im drzwi uśmiechnięta i ładnie ubrana. Widać było, że czeka na nie i jest do wizyty przygotowana. Stół był elegancko nakryty, w wazonie śliczne jesienne astry, na stole nie tylko ciasto czekoladowe, ale też tort.

– Mamo, po co się aż tak starałaś?

– Kochanie, muszę ci coś powiedzieć – oznajmiła babcia i zerknęła na zegarek. – A ty, kruszynko, co taka smutna jesteś?

– Nic takiego – szybko wtrąciła się mama. – Pokłóciła się z kolegą.

– Ja się pokłóciłam?!

– Wszystko jedno. To nie jest ważne. Ola ma po prostu zły humor.

– Jasne, to nie jest ważne.

– Co chcesz mi powiedzieć?

– Dziecko kochane, ja wiem, że w pewnym sensie jestem dla ciebie ciężarem...

Babcia zrobiła przerwę, żeby mama zaprzeczyła, ale ona milczała. Nalała sobie kawy i sięgnęła po kawałek ciasta, więc babcia mówiła dalej.

– Wspominałam wam, że sprzedałam tę lampę na Allegro, i weszłam na taką aukcję, gdzie ktoś sprzedawał książkę o Jeremim Przyborze. Miałam kiedyś takie właśnie wydanie i teraz pomyślałam, że miło by było znów mieć swój egzemplarz. O, taki.

– Widzę – oschle powiedziała mama.

– Ustaliłam kwotę i za bardzo się tym dalej nie interesowałam, ale okazało się, że wygrałam licytację.

– I? – mama wyglądała na zniecierpliwioną. Kręciła się na krześle, jakby było niewygodne.

– I zaraz po zakończeniu aukcji ktoś do mnie napisał. Miły pan zapytał mnie, po co mi ta książka. On chciał ją mieć, bo jest kolekcjonerem i wielbicielem Przybory. To ja mu odpisałam, że z tych samych powodów. Umówiliśmy się...

– I co? Stało się coś? To jakiś oszust?

– Wręcz przeciwnie. Okazało się, że to bardzo miły pan. Zachwycał się moim sernikiem...

– Wpuściłaś go do domu?

– Baśka co tydzień kogoś do nas przyprowadza...

– Cicho, Olka, to całkiem co innego. Basia jest dorosła... I co, okradł cię? No tak, wiedziałam, że ten cały dom kultury...

– Nie okradł mnie. On... zaraz tu będzie...

– Słucham?!

– Córeczko, tylko się nie denerwuj...

– Mamo, błagam cię! Teraz to już przesadziłaś. Co za pomysły! I po co ci coś takiego? Nie masz dość problemów?

– Ja nie mam żadnych problemów, córeczko, i nie będę mieć. A już na pewno nie z powodu Jana.

– Jana? Czyli już jesteście po imieniu... No, pięknie. Może jeszcze razem na wczasy pojedziecie, co?

– Już o tym rozmawialiśmy – powiedziała cicho babcia i ślicznie się zarumieniła.

– Nie zgadzam się! Co ty sobie myślisz?! Wszystko ma swoje granice. Każdy wiek ma swoje prawa. To po prostu nie wypada.

> Mama Oli – odmawia babci prawa do spotykania się z mężczyznami

– Dlaczego? Przecież babcia jest dorosła bardziej niż Baśka, a Baśce wolno – spokojnie zauważyła Ola.

– Ola, dobrze ci radzę, nie wtrącaj się.

– Dlaczego Baśka wszystko może?! Całować się może, wyjeżdżać może, przyprowadzać chłopaków do domu może! – oburzyła się Ola.

– Basia to co innego! – niemal krzyknęła mama.

– Właśnie, a gdzie jest Basia? – zainteresowała się babcia.

– Nikt tego nie wie. Pewnie uciekła z kimś, ale jej wolno. Każdy wiek ma swoje prawa.

W tym momencie zadzwonił dzwonek.

– Ja otworzę!

– A ja wychodzę! Nie mam zamiaru go poznawać.

Na progu stał nie pan Jan, tylko Baśka z jakimś kudłatym młodzień-cem. Może to był Czapon, a może Macek... Na pierwszy rzut oka Oli nie udało się tego ustalić.

– Mamo, babciu, poznajcie... To jest Twardy. Właśnie się zaręczyli-śmy. Wychodzę za mąż! – niemal krzyknęła Baśka.

| Basia – zaręczona |

– Kochanie, ale kiedy? Miło mi pana poznać...

– Jaromir Twardek.

Twardy machnął grzywą i przywitał się – najpierw z babcią, potem z mamą. Wtedy znów rozległ się dzwonek do drzwi.

– O, to pewnie Jan – powiedziała babcia i bardzo przejęta poszła ot-worzyć.

Ola zerknęła na Jana, którego babcia przelicytowała na Allegro, ale uznała, że nie jest nikim ciekawym. Ot, starszy pan z wielkim bukietem żółtych róż.

Nagle zrobiło jej się strasznie smutno i wyszła do drugiego pokoju. Nic się niby nic zdarzyło, a jednak słysząc zza drzwi głosy pan Jana i tego Twardego, pomyślała, że musi, po prostu musi coś zrobić. Musi jakoś Łukasza znaleźć, bo zwyczajnie zwariuje.

*

– Cześć, Ola.

– Cześć. Chcesz wejść? – zapytała Ola i nie czekając na odpowiedź, otworzyła drzwi na oścież.

– Mogę.

Marcelina wolno weszła do mieszkania Oli i zdjęła buty. Od kilku dni było brzydko, zimno i mokro, na drzewach nie został ani jeden liść, wiel-kie bure chmurzyska wisiały nad domami i nikomu nie było specjalnie wesoło, ale Ola miała szczególnie zły nastrój.

– Chcesz coś do picia?

– Może być – odparła Marcelina i poszła za Olą do kuchni. – Co robisz?

– Nic. Tak sobie siedzę.

– Dzwonisz po szkołach?

– Ja? Nie, po co?

Marcelina nie skomentowała tego, że przed Olą leży książka telefo-niczna otwarta na szkołach podstawowych.

– Wiesz, sąsiadka oddała już wszystkie szczeniaki – powiedziała Marcelina dziwnym głosem.

– A ty w koło o tych szczeniakach. Przestań, bo to już nudne. Rany, Marcela, dlaczego ryczysz? Chciałaś dostać jednego?

Marcela milczała. Ola musiała z pięć minut błagać ją i przysięgać, że nigdy nikomu nie powie tego, co teraz usłyszy. W końcu Marcela dała się przekonać. Wydmuchała nos, wytarła mokre policzki i szepnęła:

– Bo ja jednego zabiłam.

– Co ty bredzisz?!

– Tak było, umarł przeze mnie. Ja widziałam je za-

> Marcela – wyrzuty sumienia związane ze śmiercią szczeniaka

raz po urodzeniu i… jednego dotykałam, i on… jak przyszłam następnego dnia, to sąsiadka mi powiedziała, że on zdechł, że to przeze mnie.

– Przez ciebie? Co za wariatka! – Ola poczuła nagły przypływ złości na podłą sąsiadkę.

– Tak, że go dotknęłam.

– Wariatka. Nie przejmuj się tym, na pewno tak nie było.

– Było. Miała rację – chlipnęła Marcela.

– Bzdura!

– E, tak tylko mówisz, żeby mnie pocieszyć – powiedziała Marcela, ale humor wyraźnie jej się poprawił.

– Co, ja kłamię? Nie denerwuj mnie. Zaraz ci udowodnię.

– Niby jak?

– Nie wiem jak. O, już wiem. Zadamy pytanie na stronach weterynarzy, czy często taki szczeniak

> Ola – pomaga Marceli

umiera. Moja siora teraz wychodzi za mąż i ciągle komuś na jakimś forum zadaje pytania. Ostatnio słyszałam, jak mówiła mamie, że zaprzyjaźniła się z jakimś cukiernikiem. Spytała go o tort i teraz się z tym facetem spotyka. Dobra, to uważaj…

– Olka, jak chcesz, to ci coś powiem. Mama Łukasza mówiła naszej wychowawczyni, że oni się wynoszą z Warszawy. Nie masz co go szukać.

– A czy ja go szukam?

– Nie, nie szukasz go, ale ci mówię, żebyś go… nie szukała w Warszawie. Możesz przez chwilę tak

– Dobra, to zadaję pytanie. Nie można tak siedzieć bezczynnie.

– Poczekaj, jeszcze ci coś powiem, tylko się nie zdenerwuj. Ja wolę, że jego nie ma, przepraszam. Ale wpadłam na pewien pomysł…

– Wiem, że ty wolisz. Tylko że ja nie wolę. Dobra, to mów, co to za pomysł.

Marcela – o Łukaszu

– Łukasz lubi pająki, co nie? A jak się wyprowadzi, będzie mu tam w tym nowym miejscu strasznie nudno, nie będzie miał z kim pogadać… Chłopcy go nie lubią, bo beznadziejnie gra w piłkę. Zresztą wszystko robi beznadziejnie, nawet na rowerze nie umie jeździć…

– I co z tego?

– To z tego, że jak ktoś jest takim łamagą, to na pewno lubi komputery, więc on będzie na jakichś forach wielbicieli pająków, rozumiesz?

– Hm… – zamyśliła się Ola. – I co radzisz?

– Wchodź kolejno na każde i go szukaj. Ja już w domu znalazłam trzy i wypisałam adresy. Masz. – Marcela podała Oli wy-

Marcela – pomaga Oli

gniecioną kartkę.

– Dlaczego od razu nie mówiłaś?

– Nie wiedziałam, czy będziesz chciała. Cienkopisy też ci mogę oddać. I to…

Marcela podała jej kartkę.

Ola wzięła kartkę do ręki, położyła na stole i rozprostowała, a potem otworzyła książkę o pająkach i wsadziła kartkę między okładkę a pierwszą stronę.

– To co mam mu napisać?

– Wszystko jedno.

– No tak, masz rację. Przecież to wszystko jedno. Piszę!

Ola doskoczyła do krzesła przed komputerem. Usiadła, podwijając jedną nogę.

Cześć, Łukaszu!

Odezwij się do mnie. W szkole jest teraz bardzo fajnie. Nie dlatego, że Ciebie nie ma, ale jest fajnie, bo Adam już się nie rządzi. Teraz mówimy na niego Kurczak. Sama widziałam, jak płakał dwa razy. Czekam, aż mi odpiszesz. Czy Ty mieszkasz w Gdańsku?

Ola

PS Sprawdziłam w Twojej książce. Skakun jest bardzo ładnym pajączkiem. To chyba też mój ulubiony.

Razem z Marceliną przeczytały e-mail ze sto razy, zanim w końcu go wysłały.

Wiadomość popłynęła w świat. Marcela się pożegnała i popędziła zwiedzać fora miłośników psów. A Ola siedziała przy komputerze, bezmyślnie stukając palcem w monitor. Była pewna, że Łukasz zaraz jej odpisze, ale nic takiego się nie stało. Poszła do kuchni, zrobiła sobie kanapkę z białym serem i pomidorem. Wiadomości wciąż nie było. Wykąpała się – nadal nic. Gdy szykowała się spać, ciągle nie miała odpowiedzi. Rano, gdy tylko zadzwonił budzik, zerwała się i włączyła komputer, ale jej skrzynka odbiorcza była pusta. Sprawdziła ją po szkole, ale nic się nie zmieniło. Gdy następnego dnia po południu przyszła do niej Marcelina, aż zaniemówiła. Chwilę stała w progu, nie wierząc własnym oczom. Pierwszy raz odkąd się znały, widziała, jak Olka płacze nie ze złości.

> Nieudana próba
> skontaktowania się
> Oli z Łukaszem

> Ola – płacz z powodu
> niemożności skontaktowania
> się z Łukaszem

ROZDZIAŁ XVI

Łukasz

Łukasz skończył rozwiązywać zadanie i zamknął podręcznik do fizyki. Nie był jeszcze zmęczony, ale czuł, że Marzena ma już dość i nic więcej dziś nie zrobią. I tak uczyli się bardzo długo, więc można było ze spokojnym sumieniem skończyć.

– Boję się tego testu – wyznała szczerze Marzena, kartkując podręcznik i żując włosy.

Marzena miała bardzo długie włosy i bardzo brzydki zwyczaj żucia ich końcówek. Łukasz tego nie znosił, ale nigdy nic nie mówił.

Czas zdarzeń – koniec gimnazjum

– W ogóle boję się liceum. Dlaczego człowiek nie może jeszcze kilka lat być gimnazjalistą? Wiesz, w tym tygodniu wybieram się do kina. Pójdziesz ze mną?

– Jasne. Posłuchaj, sprawdzę tylko pocztę, a potem coś zjemy, bo jestem strasznie głodny...

– To ty zrób kanapeczki, a ja sprawdzę twoją pocztę – zaproponowała Marzena i nie czekając na odpowiedź Łukasza, usiadła przed jego laptopem.

Łukasz popatrzył na jej plecy i na monitor. Skrzywił się trochę, ale nic nie powiedział. Wyszedł do kuchni i zaczął kroić chleb.

Ponieważ nad blatem kuchennym wisiało lustro, zerknął w nie. Nawet się sobie podobał. Był wysoki, miał szerokie ramiona,

Miejsce akcji – Gdańsk

Łukasz – przystojny; wiek

bo sporo trenował. Co dzień jeździł też na rowerze i tak doskonale znał okolice Gdańska, że mógłby napisać przewodnik. Miał gęste włosy i wyglądał na więcej niż szesnaście lat.

– Masz wiadomość od jakiejś Aleksandry! – krzyknęła z pokoju Marzena.

– Od kogo?!

– Od Aleksandry Mróz. Pyta, czy ją jeszcze pamiętasz!

– Pokaż!

Łukasz z nożem w dłoni wpadł do pokoju i pochylił się nad laptopem.

Cześć, Skakunie!

Mam nadzieję, że może pod tym nickiem kryje się Łukasz Tomaszewski!

Otrzymanie przez Łukasza
e-maila od Oli

Wysłałam 622 e-maile do Ciebie i chyba już nie wierzę, że kiedyś Cię znajdę, ale i tak wysyłam, bo przez tyle lat po prostu weszło mi to w krew. Każdy ma jakieś hobby... Ja mam takie. Twój nick wydał mi się znajomy. Pamiętam, że kiedyś lubiłeś skakuny. Ja lubię Araneus diadematus, bo dobrze mi się kojarzy... o ile pamiętasz...

Szukałam Cię na forach dla wielbicieli pająków, a dopiero ostatnio pan Jan, mąż mojej babci (nie znasz go, ale mu trochę o Tobie opowiadałam), wpadł na genialny pomysł, że przecież kiedyś robiłeś zdjęcia, i teraz kolejno sprawdzam wszystkie fotoblogi.

Tak piszę i piszę, a nie wiem, czy Ty mnie w ogóle pamiętasz. Bałam się strasznie pająków. Chyba wtedy miałam ostrą fazę z rowerem, bo ciągle widzę Ciebie i siebie, jak wleczemy gdzieś jakiś rower. Mam nadal Twoją książkę o pająkach. Zostawiłeś ją u nas w domu. Jeśli dobrze trafiłam i to jesteś TY, chcę Ci ją po prostu oddać. Jest Twoja i chcę Ci oddać.

Za każdym razem Ci piszę, co u mnie słychać. Marcela mówi, że kiedyś wydam to jako pamiętnik. Więc tak:

1. Wczoraj, w sobotę, moja siostra Baśka wyszła za mąż. Już po raz drugi. Nie wiem, po co, bo ten drugi mąż wygląda identycznie jak pierwszy, ale ona zawsze lubiła białe ciuchy. Rozwodziła się też ubrana na biało.

2. Adam Oleszczuk, nie wiem, czy go pamiętasz, nie zdał w szóstej klasie, a teraz słyszałam, że jest z rodzicami w Genewie i podobno ma siostry bliźniaczki.

3. Marcela Wielgat (ją na pewno powinieneś pamiętać, taka ładna, szczupła blondynka, ciągle się przyjaźnimy) aktualnie kuje, bo chce być weterynarzem i musi się dostać do dobrego liceum. Kilka dni temu zerwała z jednym palantem, co uważa, że pająki są obrzydliwe, a ptaszniki powinno się wybić. Kretyn, prawda? Dobrze się stało, ale ona ryczy. Sama zerwała, a teraz ryczy. Lubię ją. Wybieramy się do tego samego liceum...

4. U mnie wszystko po staremu. Nic się nie zmieniło.

Ola – stała w uczuciach

Jeśli to nie Ty – proszę, nie odzywaj się do mnie, kimkolwiek jesteś. I przepraszam za kłopot, ale szukam konkretnej osoby i na Twojego e-maila nie odpowiem.

Aleksandra Mróz

– Ty się interesowałeś pająkami? Obrzydliwe paskudztwa!

– Jako dzieciak miałem ostrego arachnologicznego świra. Minął już dawno.

– A co to za Aleksandra? – z niewinną minką zapytała Marzena. – Nigdy nic mi o niej nie mówiłeś. To jakaś wariatka. Napisała do ciebie sześćset e-maili? Przecież to nienormalne. Więc kto to jest?

— Przypomnienie sobie przez Łukasza osób i wydarzeń sprzed lat —

– Koleżanka z klasy, z podstawówki. Tyle lat mnie szuka... Niesamowite, prawda? – powiedział Łukasz i zaczął od początku czytać e-maila. – Adam... pamiętam, że się z nim biłem... czy on mnie uderzył... w każdym razie coś takiego było. A Marcela? Tak, ją też pamiętam. Była strasznie głupia i brzydka, nikt jej nie lubił... Jak to wszystko się zmienia...

„U mnie nic się nie zmieniło" – przeczytał Łukasz i poczuł znajome ciepło w sercu.

— Łukasz – odżywa w nim dawne uczucie —

– To co z tymi kanapkami? – Marzena zaczęła się kręcić na fotelu. – Mówiłeś, że jesteś głodny.

– Już idę – powiedział Łukasz, ale nadal stał i lekko się uśmiechając, czytał wiadomość od Aleksandry Mróz.

Właściwie przestał być głodny. Teraz chciał tylko, żeby Marzena już wreszcie sobie poszła.

– Odpiszesz jej? – wolno zapytała Marzena.

– Jeszcze nie wiem, ale chyba nie – skłamał Łukasz i wrócił do kuchni, żeby jak najszybciej zrobić już wreszcie te kanapki.

Krótkie opracowanie

Pajączek na rowerze to **powieść, której akcja rozgrywa się we współczesnej Warszawie** w ciągu kilku miesięcy, a w ostatnim rozdziale, oddalonym w czasie o pięć lat, również w Gdańsku. **Narrator opowiada w trzeciej osobie** i zaobserwowane wydarzenia przedstawia z dwóch perspektyw należących do głównych bohaterów. **Tematem utworu jest pierwsza miłość dwojga dzieci.**

Aleksandra Mróz i **Łukasz Tomaszewski** początkowo nie przepadają za sobą. Przyczyniają się do tego ich odmienne temperamenty i zainteresowania, a także przyjaciółka Oli, **Marcela** i kolega Łukasza, **Adam**. Z czasem jednak bohaterowie stają się dla siebie bardzo ważni. Zaprzyjaźniają się i zakochują w sobie. Dzięki sile łączącego ich uczucia i wzajemnej pomocy pokonują własne lęki.

Tłem dla tej historii są trudne relacje rodzinne. Anna Mróz, mama Oli i jej siostry Basi, rozwodzi się z mężem, który zrywa z nimi kontakt i zakłada nową rodzinę. Podobnie dzieje się z **Tomaszewskimi – Beatą i Makarym**. Kobieta zostaje z synem, a jej były mąż żeni się z **panią Iwoną**, która niedługo urodzi mu dziecko. **Babcia Oli**, mimo sprzeciwów Anny, wychodzi za mąż za **pana Jana** poznanego w Internecie.

W ocenie dorosłych Łukasz i Ola są za mali na miłość. Dzieci muszą się rozstać. Pomimo przeprowadzki Łukasza do Gdańska i upływu czasu to pierwsze dziecięce uczucie okazuje się bardzo silne. **Przez kilka lat Ola usiłuje skontaktować się z Łukaszem. Kiedy wreszcie jej się to udaje, chłopak odczuwa znajome ciepło w sercu.**

Pajączek na rowerze to utwór opowiadający o miłości dwojga dzieci – Oli i Łukasza, którzy poznają się przypadkowo pod koniec wakacji w wyniku znalezienia przez dziewczynkę kluczy zgubionych przez chłopca. Ponieważ Łukasz wraz z mamą niedawno przeprowadził się na osiedle w warszawskiej dzielnicy Białołęka, trudno mu odnaleźć się w nowym otoczeniu, zwłaszcza że z powodów zdrowotnych odstaje od innych dzieci: nie umie jeździć na rowerze, słabo gra w piłkę nożną. Okazuje się, że będzie uczęszczał do tej samej klasy, co Ola, a ich mamy przyjaźniły się w czasach szkolnych. Kobiety ustalają, że podczas ich nieobecności (wspólnie zapisują się na jogę) dzieci spędzać będą popołudnia w mieszkaniu Oli pod opieką jej starszej siostry Basi. Ola i Łukasz różnią się temperamentem oraz zainteresowaniami. Dziewczynka jest żywiołowa, lubi ruch, zwłaszcza jazdę na rowerze, nie przepada za szkołą. Łukasz z kolei należy do cichych, spokojnych osób, ma bardzo dobrą pamięć, świetnie się uczy, w szkole nie lubi jedynie wychowania fizycznego. Mimo tych różnic oraz początkowej niechęci dzieci szybko stają się sobie bardzo bliskie. Wspierają się w trudnych momentach. Z czasem Łukasz dostrzega urodę Oli, a Ola staje się o niego zazdrosna. Gdy jej przyjaciółka, Marcela, interpretuje na swoją korzyść niejednoznaczne słowa Łukasza o tym, kto mu się podoba, Ola jest zła i na nią, i na niego. Chłopiec wreszcie wyjaśnia, że to na nią zwrócił uwagę. Choć dzieci coraz chętniej przebywają w swoim towarzystwie, onieśmiela je rodzące się między nimi uczucie. Miłość ta pomaga im przezwyciężyć swoje lęki: Ola, która panicznie boi się pająków, przestaje się ich obawiać, Łukasz dzięki wskazówkom Oli nauczy się jeździć na rowerze. Miłość dzieci napotyka jednak wiele przeszkód: trudności robi im podkochująca się w Łukaszu Marcela, a także Adam, szantażujący go rzekomym listem do Oli, wreszcie mama dziewczynki nakrywa dzieci na pocałunku, co skutkuje awanturą. Również mama Łukasza przekonana jest, że dzieci są za małe na miłość, w związku z czym należy je rozdzielić. Ponieważ akurat jest po rozwodzie, który trudno znosi, wraz z synem przeprowadza się do Gdańska. Ola, choć nie ma z chłopcem kontaktu, nadal go kocha i nie ustaje w jego poszukiwaniach. Po pięciu latach jej 623. e-mail trafia w końcu do właściwego adresata. W Łukaszu odżywa dawne uczucie do Oli. W tle akcji powieści i rodzącej się pierwszej miłości dzieci mają miejsce inne wydarzenia: siostra Oli zrywa z chłopakiem i ponownie się zakochuje, jej babcia, wbrew niezadowoleniu córki, korzysta z nowinek technologicznych, dzięki czemu poznaje przyszłego męża, Łukasz adaptuje się w nowej szkole, jego rodzice z obawy o reakcję syna nie informują go, że się rozwiedli, tata chłopca po kilkuletniej pracy za granicą wraca do kraju i z nową żoną spodziewają się dziecka.

MOTYWY

przyjaźń	• **Ola przyjaźni się z Marcelą**, wspiera ją w trudnych chwilach, ale bywa też dla niej niemiła i zazdrosna o Łukasza • **przyjaźń Oli z Łukaszem ma trudne początki** (dziewczynce nie podoba się, że ma pomóc chłopcu w przyzwyczajeniu się od nowego miejsca), ale potem przeradza się w miłość • **przyjaźń mam Oli i Łukasza** – znają się ze szkoły i znów zaprzyjaźniają po przeprowadzce pani Tomaszewskiej; uczucie między dziećmi przyczynia się do zerwania znajomości przez kobiety • **przyjaźń Łukasza z Adamem** – opiera się na wzajemnej pomocy wymuszanej nieraz szantażem: Adam broni Łukasza, a ten odrabia za niego lekcje • **przyjaźń Łukasza z Marzeną** – chłopak poznaje koleżankę po przeprowadzce do Gdańska, ale nie zapomina o Oli
miłość	• **uczucie Oli i Łukasza rodzi się powoli**, dopiero sympatia przeradza się w oddanie i miłość • **miłość odwzajemniona i wspierająca** – pozwala Oli i Łukaszowi przezwyciężać własne zahamowania i zmienia ich na lepsze • **miłość przyczyną smutku i rozpaczy** – Ola i Łukasz muszą przetrwać trudne chwile i nieprzychylność wielu osób • mimo pięciu lat rozłąki Ola nadal kocha Łukasza i wytrwale próbuje skontaktować się z nim mailowo • **miłosne perypetie Basi** – starsza siostra Oli wiele razy zmienia chłopaków i dwukrotnie wychodzi za mąż • **miłość w dojrzałym wieku** – babcia Oli zakochuje się i wychodzi za mąż za pana Jana poznanego w Internecie
strach	• **największy strach w Łukaszu budzi jazda na rowerze**, ale dzięki pomocy Oli udaje mu się go przezwyciężyć • Łukasz obawia się spotkań z dziećmi na podwórku, bo słabo gra w piłkę • **Ola najbardziej boi się pająków**, ale Łukasz, który je uwielbia, przekonuje do nich dziewczynkę
przypadek	• **przypadkowe pierwsze spotkanie Oli i Łukasza** – dziewczynka znajduje zgubione klucze chłopca • **przypadkowe odnalezienie Łukasza przez Olę** – po pięciu latach udaje jej się wysłać wiadomość na właściwy adres mailowy

kłamstwo	• Ola mówi Patrycji, że Łukasz jest jej chłopakiem, a w tym momencie nie jest to prawdą • **Ola bez wyrzutów sumienia okłamuje Marcelę**, bo chce spędzić popołudnie tylko z Łukaszem • Łukasz unika mówienia nieprawdy, a kiedy już to zrobi, ma wyrzuty sumienia • **ojciec Łukasza okłamuje go w sprawie swojej nowej żony**, Iwony, która spodziewa się dziecka
nieporozumienie	• mama niesłusznie oskarża Olę o zdradzenie Łukaszowi prawdy o jego tacie i o gwałtowną reakcję chłopca • Marcela błędnie interpretuje słowa Łukasza i myśli, że mu się podoba • Marcela zostaje niesłusznie oskarżona o spowodowanie śmierci jednego ze szczeniaków sąsiadki
rodzina	• **rozbita rodzina** – rodzice obojga głównych bohaterów się rozwodzą, mamy zostają z dziećmi, a ojcowie zakładają nowe rodziny • **brak dobrej i mądrej komunikacji w rodzinie** – dzieci nie otrzymują wsparcia dorosłych, czują, że faworyzuje się inne osoby, nikt nie liczy się z ich zdaniem i uczuciami, ukrywa się przed nimi prawdę • **konflikt pokoleń** – trudna relacja mamy i babci Oli, córka krytykuje matkę; z jednej strony nie chce się nią zajmować, a z drugiej nie akceptuje jej zainteresowań i prób zawierania nowych znajomości
przemiana bohatera	• Ola, nie najlepsza uczennica, dzięki Łukaszowi zaczyna lepiej się uczyć i interesować fotografią • Łukasz, który źle radzi sobie ze sportem, z pomocą Oli uczy się jeździć na rowerze
przeciwieństwa	• **przeciwieństwa się przyciągają** – Ola i Łukasz mają zupełnie inne zainteresowania, charaktery i uzdolnienia, ale mimo tego zaprzyjaźniają się ze sobą • **szczere i oddane uczucie dzieci przeciwstawione zostaje rozpadającym się związkom, w które wchodzą dorośli**
dzieci	• **dzieci nie mają zaufania do dorosłych**, bo czują się ciągle krytykowane i traktowane niepoważnie • **dorosłe dzieci są krytyczne wobec swoich rodziców** – Anna Mróz nie akceptuje postępowania swojej mamy, która chce rozwijać nowe zainteresowania

dorośli	• dorośli uważają, że Ola i Łukasz są za młodzi na miłość i postanawiają ich rozdzielić • **relacje między rodzicami** – rodzice Łukasza nie potrafią rozwieść się w zgodzie i wciągają w swoje problemy syna; rodzice Oli nie utrzymują ze sobą kontaktu • tata Oli nie interesuje się dziećmi z poprzedniego związku, a tata Łukasza nie potrafi zdobyć się na szczerość wobec syna • **dorośli rozładowują na dzieciach swoje napięcia i stres** – mama Łukasza często otwarcie krytykuje przy nim jego ojca, co sprawia chłopcu przykrość

Pełne opracowanie

BIOGRAFIA EWY NOWAK

Ewa Nowak z kotem Kitą, fot. Dzik

Ewa Nowak urodziła się **21 grudnia 1966 roku**. Po ukończeniu pedagogiki terapeutycznej w Wyższej Szkole Pedagogiki Specjalnej w Warszawie pracowała jako nauczycielka i pedagog-terapeuta.

Karierę pisarską rozpoczęła od pisania artykułów i porad do czasopism dla nastolatków. Pierwszy tekst zamieściła w „Filipince". W 2002 roku ukazała się jej debiutancka książka – *Wszystko, tylko nie mięta*. Do dziś autorka wydała kilkadziesiąt powieści oraz opowiadań dla dzieci i młodzieży. Wśród młodych czytelników cieszą się one bardzo dużą popularnością. Bywają też nagradzane: za książkę *Pajączek na rowerze* autorka otrzymała wyróżnienie w I Konkursie Literatury Dziecięcej im. Haliny

Skrobiszewskiej, a książce *Bardzo biała wrona* przyznano tytuł Najlepszej Książki Roku 2009 Polskiej Sekcji IBBY.

Utwory Ewy Nowak dotyczą ważnych kwestii: wchodzenia w dorosłość, relacji z kolegami i rodzicami, radzenia sobie z agresją innych, dokonywania trudnych wyborów, bronienia własnych zasad, ponoszenia konsekwencji za swoje czyny, niepełnosprawności czy tolerancji.

Pisarka nadal współpracuje z wieloma czasopismami. Są to m.in. „Cogito", „Victor", „Junior", „Sens". Mieszka w Warszawie.

WYJAŚNIENIE TYTUŁU UTWORU

Tytuł utworu jest zagadkowy, wzbudza zainteresowanie jego tematyką. Czytelnika może ciekawić, o jakiego pajączka chodzi i jaki jest jego związek z rowerem. Już z pierwszych rozdziałów dowiadujemy się, że **jazda na rowerze i pająki** stanowią pasję głównych bohaterów: Oli i Łukasza. To jednak, co wzbudza entuzjazm w jednym z dzieci, wzbudza jednocześnie strach w drugim. I tak Ola, szybka i bardzo sprawna fizycznie, uwielbia jeździć na rowerze, a jedynym, czego się boi, są pająki. Natomiast **Łukasz wie o pająkach bardzo dużo** i z podziwem fotografuje pajęczyny, za to nie potrafi jeździć na rowerze, czego się wstydzi. Dokładniejsze wyjaśnienie tytułu utworu znajdziemy w XII rozdziale powieści. Okazuje się, że Łukasz, pisząc list do dziewczyny, rozpocząłby go od słów: „**Mój kochany Pajączku!**", a zatem tytułowym Pajączkiem na rowerze jest **Ola – zapalona rowerzystka**, którą chłopiec obdarzył miłością.

CZAS AKCJI

Wydarzenia opisane w książce rozgrywają się **w czasach nam współczesnych**, na co wskazuje styl życia bohaterów: chodzą do współczesnej szkoły, korzystają z Internetu, kupują laptopy, prowadzą fotoblogi, wysyłają e-maile, wygrywają aukcje na Allegro. **Akcja powieści rozpoczyna się w ostatnich dnia sierpnia (na trzy dni przed rozpoczęciem roku szkolnego)**, kiedy Ola poznaje Łukasza. Razem uczęszczają **do piątej klasy szkoły podstawowej**. Początkowo się nie lubią, potem łączy ich przyjaźń, która przeradza się w miłość, wreszcie dorośli doprowadzają do ich rozstania. Trwa to **około kilku miesięcy**. W tym czasie tata Łukasza zdążył się rozwieść z jego mamą i ożenić z panią Iwoną. W ostatnim rozdziale **akcja przeskakuje o 5 lat** – Łukasz i Ola mają po 16 lat i kończą gimnazjum.

MIEJSCE AKCJI

Głównym miejscem akcji utworu jest Warszawa. Wydarzenia rozgrywają się przeważnie w mieszkaniu Oli lub Łukasza w dzielnicy Białołęka, w mieszkaniu babci Oli, w szkole bądź na podwórku. Niektóre wydarzenia mają miejsce na przystanku autobusowym, w autobusie, w metrze, na wystawie kotów, nad brzegiem Wisły czy w mieszkaniu taty Łukasza. W rozdziale X akcja przenosi się na **Mazury**, a w rozdziale XVI **do Gdańska**.

BOHATEROWIE UTWORU

Aleksandra (Ola) Mróz – pełna energii, żywiołowa i bezpośrednia dziewczynka, która nie lubi szkoły. Ma nie najlepsze oceny, za to świetnie jeździ na rowerze i tańczy. Kiedy trzeba, używa wulgaryzmów i bije się z chłopakami. Boi się jedynie pająków. Mieszka z mamą i starszą siostrą Basią. Przyjaźni się z Marcelą. Ma babcię, z którą jest bardzo zżyta.

Łukasz Tomaszewski – spokojny, bardzo zdolny chłopiec, rozpoczynający naukę w nowej szkole. Z uwagi na problemy zdrowotne jest mało sprawny fizycznie: nie umie jeździć na rowerze, słabo gra w piłkę nożną. To powoduje, że jest nieśmiały i mało kto go lubi. Interesuje się pająkami i fotografią, ma świetną pamięć. Tęskni za tatą, który pracuje w Libanie.

Anna Mróz – mama Oli, szkolna koleżanka mamy Łukasza. Ma dwie córki, które po rozwodzie z mężem sama wychowuje. Pobłażliwa w stosunku do Basi, krytyczna wobec Oli i swojej mamy.

Barbara (Basia) Mróz – starsza siostra Oli. Często zmienia chłopaków. Lubi białe ubrania. Wcześnie wychodzi za mąż, rozwodzi się i bierze kolejny ślub.

Babcia Oli – mama Anny Mróz. Stara się korzystać z różnego rodzaju nowinek technologicznych, jest odważną, aktywną i ciekawą świata emerytką. Wychodzi za mąż za pana Jana.

Marcelina Wielgat (Marcela) – przyjaciółka Oli, chodzi z nią do jednej klasy. Lubi szczeniaki. Chce zostać weterynarzem.

Beata Tomaszewska – mama Łukasza. Bywa apodyktyczna, jest nerwowa. Bardzo dba o zdrowie syna, dlatego pilnuje, by nosił aparat na zęby i wykonywał ćwiczenia. Właśnie rozwiodła się z jego tatą i ciężko znosi to rozstanie. Pomaga jej mama Oli.

Makary Tomaszewski – tata Łukasza, od dwóch lat pracujący jako lekarz w Libanie. W tajemnicy przed synem rozwodzi się z jego mamą i zakłada nową rodzinę, dlatego Łukasz i mama musieli opuścić swoje mieszkanie. Ojciec nie mówi synowi prawdy. By mu się przypodobać, pozwala mu na nienoszenie aparatu na zęby oraz niezdrowe jedzenie.

pani Iwona – nowa żona taty Łukasza. Jest przyjacielska, lubi Łukasza, ale również ona go okłamuje i nie mówi mu, że jest nową żoną jego taty. Spodziewa się dziecka.

Adam Oleszczuk – kolega Łukasza. Słaby uczeń, bardzo dobrze grający w piłkę nożną. Drobny i szczupły, ale dobrze się bije. Pomaga Łukaszowi, ale nie robi tego bezinteresownie – Łukasz odrabia za niego zadania. Potrafi oszukiwać i szantażować kolegę, by go do tego zmusić. Wyjeżdża z rodzicami do Genewy.

Paweł – chłopak Baśki, który z nią zrywa.

Czapon – nowy chłopak Baśki, z którym dziewczyna później zrywa.

pani Bocian – nauczycielka języka polskiego.

Marzena – dziewczyna, z którą Łukasz spędza czas, gdy jest już gimnazjalistą.

Tomek – siostrzeniec pani Iwony, który zdradza Łukaszowi, że jego tata ma nową żonę i będzie miał syna.

Jaromir Twardek – kolejny chłopak Basi i jej przyszły pierwszy mąż

pan Jan – znajomy babci Oli i jej późniejszy drugi mąż.

Patrycja – koleżanka Oli z osiedla, na którym mieszka jej babcia.

sąsiadka Marceli – kobieta, której suczka się oszczeniła. Tymi pieskami bardzo interesuje się Marcela.

PLAN WYDARZEŃ

1. Poznanie przez Łukasza Oli i Marceli za sprawą zgubionych kluczy.
2. Niezadowolenie mamy Oli z pomysłu babci dotyczącego kupna laptopa.
3. Tęsknota Łukasza za tatą.

4. Przypadkowe spotkanie mam Oli i Łukasza; odnowienie przez nie ich szkolnej przyjaźni.
5. Oczekiwanie przez mamę Oli zaangażowania się córki w pomoc Łukaszowi.
6. Wspólny spacer brzegiem Wisły i ucieczka Oli.
7. Konieczność spędzania przez Łukasza wolnego czasu u Mrozów.
8. Przeradzanie się wzajemnej niechęci dzieci w sympatię.
9. Krytyczny stosunek mamy Oli do zapisania się babci na kurs komputerowy.
10. Rozstanie Basi z chłopakiem.
11. Poświęcenie Łukasza na lekcji języka polskiego.
12. Wspólna wygrana Łukasza i Oli w konkursie tańca podczas szkolnej dyskoteki.
13. Rozpowiadanie przez Marcelę, że podoba się Łukaszowi, i złość Oli z tego powodu.
14. Wyznania chłopca wyjaśniające powstałe nieporozumienie.
15. Odtrącenie przez Łukasza Oli na rzecz Adama.
16. Długo oczekiwane spotkanie Łukasza z tatą.
17. Pogodzenie się dzieci.
18. Przerodzenie się wzajemnej sympatii Łukasza i Oli w głębsze uczucie.
19. Wyjazd Łukasza na Mazury z tatą i panią Iwoną.
20. Opuszczenie przez chłopca zajęć szkolnych z powodu rozstroju żołądka.
21. Deklaracja dzieci o byciu parą.
22. Przełamanie przez Olę strachu przed pająkami.
23. Szantażowanie Łukasza przez Adama.
24. Niespodziewana wygrana Łukasza w konkursie w rzutki.
25. Niedoszła bójka Oli i Adama.
26. Awantura spowodowana przyłapaniem dzieci na pocałunku.
27. Wypisanie Łukasza ze szkoły i poszukiwanie przez jego mamę nowego miejsca zamieszkania.
28. Jazda chłopca na rowerze w wyniku emocji związanych z przypadkowym dowiedzeniem się o rozwodzie rodziców.
29. Rozgoryczenie Oli wywołane rozłąką z Łukaszem.
30. Wzajemna pomoc Oli i Marceli.
31. Kilkuletnie próby skontaktowania się Oli z Łukaszem.
32. Otrzymanie przez chłopca e-maila od dawnej dziewczyny.

STRESZCZENIE SZCZEGÓŁOWE

I. Ola

Ola Mróz, dziewczynka nieprzepadająca za szkołą, za to bardzo lubiąca ruch, ostatnie dni przed rozpoczęciem roku szkolnego spędza głównie na podwórku. Jeżdżąc na rowerze, znajduje czyjeś klucze. Wraz z przyjaciółką Marcelą postanawia odnaleźć ich właściciela. Szybko jednak zauważają one chłopca, który czegoś szuka. Zawstydzony odbiera od dziewczynek zgubę. Na Oli nie robi dobrego wrażenia. Po powrocie do domu dziewczynka wysłuchuje narzekań mamy związanych z babcią. Okazuje się, że babcia chce kupić sobie laptop, czego jej córka nie popiera. Dopiero gdy starsza siostra Oli – Basia – wraz z chłopakiem chwali pomysł babci, mama dziewczynek zmienia zdanie. Olę, której opinii mama nie bierze pod uwagę, boli nierówne traktowanie przez nią jej i Basi. Kiedy dziewczynka wyrzuca śmieci, słyszy, jak jakaś kobieta strofuje chłopca „od kluczy". Domyśla się, że to jego mama, ale dziwi się, że chłopiec reaguje płaczem.

II. Łukasz

Łukasz nie czuje się dobrze w nowym mieszkaniu. Nie ma też komu opowiedzieć o zgubieniu i odzyskaniu kluczy – jego mamę interesuje głównie to, czy ćwiczył stopy, a tata pracuje w Libanie. Wiedząc, że słabo gra w piłkę, chłopiec boi się wyjść na podwórko. Gdy jednak wzbudza wśród dzieci zainteresowanie upuszczonym lodem – Łukasz kupił go, zapomniawszy, że ma założony aparat – otrzymuje od nich propozycję zagrania z nimi i chłopiec staje na bramce. Kiedy jedzie z mamą na wystawę kotów, spotyka ona swoją przyjaciółkę ze szkolnych czasów. Towarzyszy jej córka Ola, z którą Łukasz ma chodzić do jednej klasy. Dziewczynka jest naburmuszona i tak jak on niezainteresowana wspólną rozmową.

III. Ola

Ola zauważa, że mama ukrywa przed nią niektóre sprawy związane z Łukaszem i jego rodzicami. Dowiaduje się jedynie, że zatajają oni przed nim, iż jego tata jeszcze przez kilka lat będzie pracować za granicą. Oli nie podoba się również to, że ma wraz z Łukaszem chodzić na basen i do szkoły językowej, aby ułatwić chłopcu adaptację w nowym środowisku. Podczas wspólnego spaceru brzegiem Wisły Łukasz bardzo gwałtownie reaguje, gdy Ola proponuje mu przejażdżkę na rowerze. Mama Oli obwinia ją o zaistniałą sytuację. Sugeruje, że z pewnością dziewczynka zdradziła mu informacje o jego tacie. Ola, rozżalona na mamę i Łukasza, odjeżdża, po czym porzuca rower nad brzegiem rzeki. Kiedy mama Oli wraca do domu, jest zła na córkę – bała się, że dziewczynka się utopiła. Za karę zabrania jej wychodzić na dwór.

IV. Łukasz

Łukasz złości się na siebie za to, że nie jest w stanie nauczyć się jeździć na rowerze. Jest również niezadowolony z powodu konieczności spędzania wolnego czasu u Oli. Ponieważ mama przy okazji informuje go o zbliżającym się przyjeździe taty, chłopcu poprawia się humor. Kiedy Łukasz przebywa u Mrozów, Ola wybawia go z kłopotliwej sytuacji: gdy za zgodą Basi mają wyjść na podwórko, Ola odmawia wzięcia rowerów. Grając w piłkę, chłopak znów słabo sobie radzi, ale przywołaniem ciekawostek sportowych sprytnie odciąga uwagę chłopców od swojej niezdarności. Po powrocie Ola opisuje mu osoby z klasy. Dzieci zaczynają dobrze czuć się w swoim towarzystwie, choć się do tego nie przyznają.

V. Ola

Ola źle się czuje w stroju galowym. Na rozpoczęcie roku szkolnego musi iść z mamą, Łukaszem i jego mamą. Po szkole wybierają się razem do pizzerii, gdzie kobiety podziwiają inteligencję chłopca. Ola czuje się wtedy gorsza. Podczas odwiedzin u babci mama dziewczynki z niezadowoleniem przyjmuje wiadomość o zapisaniu się babci na kurs komputerowy. Tego samego dnia chłopak zostawia Basię dla innej dziewczyny, co na Oli nie robi wrażenia, gdyż jej siostra już kilka razy rozstawała się z chłopcami.

VI. Łukasz

Gdy Łukasz spędza czas u Mrozów, widzi, jak trudno Oli napisać wypracowanie, podczas gdy on pisze je bez trudu. Na lekcji języka polskiego Ola odczytuje tylko kilka zdań. Aby nie pogrążać dziewczynki, twierdzącej, że nie da się więcej napisać o wystawie kotów, Łukasz zamiast przeczytać swój opis tej samej wystawy udaje, że czyta wymyślony na poczekaniu opis przeprowadzki. Chociaż opis robi wrażenie, za okłamanie nauczycielki chłopiec otrzymuje jedynkę, czym jednak się nie przejmuje. Na klasową dyskotekę idzie bez entuzjazmu, ale za sprawą Oli świetnie się bawi – razem wygrywają konkurs tańca.

VII. Ola

Marcela na swoją korzyść interpretuje słowa Łukasza o tym, kto mu się podoba – to dziewczyna, którą pierwszą poznał z ich klasy. Z tego powodu Ola złości się i na nią, i na Łukasza. Dopiero podczas spaceru brzegiem Wisły chłopak wyjaśnia nieporozumienie, mówiąc, że to nie Marcelę lubi. Dziewczynka poruszona jest wyznaniem chłopca. Dodatkowo odkrywa, że chłopiec poświęcił się dla niej na lekcji języka polskiego. Podczas spotkania imieninowego babcia Oli serwuje tiramisu, co mama dziewczynki przyjmuje z niechęcią. Nie podoba się jej, że babcia zmienia dotychczasowe przyzwyczajenia i że korzysta z Internetu. Tymczasem Ola wciąż rozmyśla o Łukaszu.

VIII. Łukasz

Łukasz spotyka się wreszcie z tatą, który informuje go, że z powodu pisania książki przez jakiś czas będzie mieszkał osobno. W szkole chłopiec dokonuje trudnego wyboru: ponieważ Adam dwukrotnie mu pomaga – raz na WF-ie, biorąc go do pary (chłopcy otrzymują szóstki), a drugi raz, ratując przed ośmieszeniem (na oczach kolegów Łukasz płacze z powodu odwołanego spotkania z tatą) – nie odchodzi od niego i innych chłopców, choć woła go Ola. To zignorowanie dziewczynki Łukasz później bardzo przeżywa. Ola nazywa go tchórzem mimo obecności taty Łukasza. Mężczyzna, któremu bardzo podoba się duży temperament dziewczynki, zachęca syna do chodzenia z nią.

IX. Ola

Basię odwiedza nowy chłopak, bardzo podobny do poprzedniego. Ola z kolei godzi się z Łukaszem, który mówi jej, że jest bardzo ładna. Dziewczynka zaczyna interesować się tym, czym chłopiec, i bardzo lubi spędzać z nim czas. Okłamuje nawet Marcelę, by spotkać się z nim, a nie z przyjaciółką. Gdy Ola i Łukasz dostają dwie malinówki, każde z nich wybiera brzydsze jabłko, tak aby ładniejsze przypadło drugiemu z nich. Powoli wzajemna sympatia dzieci przeradza się w głębsze uczucie.

X. Łukasz

Łukasz jedzie z tatą na Mazury. Towarzyszy im pani Iwona, która według słów pana Tomaszewskiego ma mu pomagać w pracy. Wszyscy troje świetnie się bawią. W odróżnieniu od mamy Łukasza jego tata nie każe synowi nosić aparatu na zęby czy ćwiczyć stóp, pozwala jeść kiełbaski i pizzę. Po powrocie prosi syna, żeby nie mówił mamie o udziale pani Iwony w ich wyjeździe. Gdy mama wita ich z pretensjami, chłopiec uznaje, że jest okropna. Nazajutrz Łukasz opuszcza zajęcia szkolne z powodu rozstroju żołądka. Odwiedza go Ola, która wybiegła z lekcji, by sprawdzić, co się z nim dzieje. Na pożegnanie obdarza chłopca pocałunkiem.

XI. Ola

Oli jest smutno, że Łukasz choruje i do nich nie przyjdzie. W związku z tym słucha głośnej muzyki, co jej mama odczytuje jako demonstrację niechęci do chłopca. Gdy odwiedzają babcię, okazuje się, że uczy się ona języka angielskiego i korzysta z Allegro. Tym razem mama Oli zbytnio jej nie krytykuje, przejmuje się bowiem problemami mamy Łukasza. Wiadomość, którą od niej otrzymuje, odczytuje też Ola. Dziewczynka cieszy się, gdyż sms dotyczy sympatii, jaką Łukasz ją obdarzył. Podczas spotkania Łukasz i Ola ustalają, że są parą. Dziewczynka na próżno stara się nauczyć chłopca jeździć na rowerze. Jej natomiast udaje się pokonać strach przed pająkami: gdy odwiedza ich Marcela, podkreślająca strach Oli przed pająkami, ta, by nie czuć się gorszą, całuje ilustrację przedstawiającą pająka, wyobraża sobie przy tym, że to rower, jak poradził jej Łukasz.

XII. Łukasz

Namówiony przez Olę Łukasz informuje Adama, że już nie będzie odrabiał za niego lekcji, co dotychczas robił. W odpowiedzi na to Adam wykorzystuje jego naiwność. Łukasz pisze w jego imieniu list o miłości do Marceli, adresowany do rzekomo innej Oli. Adam podpisuje list za Łukasza. Przygnębiony chłopiec, szantażowany przez Adama, nie może skupić się podczas konkursu w rzutki. Pomaga mu Ola, doradzając, by rzucając w tarczę, wyobraził sobie osobę, której nie lubi. Łukasz wyobraża sobie Adama, dzięki czemu niespodziewanie wygrywa konkurs. Kiedy jego mama krytykuje Olę, staje w jej obronie. Podczas rozmowy z Olą chłopiec zaprzecza rozwodowi swoich rodziców. O ile on chwali swojego tatę, dziewczynka na swojego narzeka: po rozwodzie nie utrzymuje z nią kontaktu. Ponieważ pani Iwona źle się czuje, tata Łukasza zmienia plany dotyczące wspólnego weekendu: zamiast na Mazurach spędzają go w Warszawie.

XIII. Ola

Ola cieszy się z napisu umieszczonego przez kogoś na ścianie korytarza w jej bloku, dotyczy on bowiem miłości jej i Łukasza. Z uwagi na wypadek samochodowy bójka jej i Adama, za pomocą której dziewczynka chce wyrównać z nim rachunki, nie dochodzi do skutku. Łukasz, przebywający z tatą, nie uczestniczy w tym wydarzeniu, ponieważ jednak tata chłopca nieodpowiedzialnie skraca ich wspólny pobyt, ma on możliwość zrewanżować się Adamowi za znieważenie Oli i uderza go w brzuch. Poniżony Adam daje Oli list, którym szantażuje chłopaka, ale ona niszczy kartkę, nie przeczytawszy jej nawet. W mieszkaniu Mrozów Łukasz wyznaje dziewczynce miłość i ją całuje, na czym przyłapuje go mama Oli. Wywiązuje się awantura. Obie mamy nie chcą, żeby dzieci kontynuowały znajomość. Rozżalona Ola chce wyprowadzić się z domu, niestety tata nie chce wziąć jej do siebie. Godzi się z mamą, którą wypytuje później, czym jest miłość.

XIV. Łukasz

Łukasz ma odwagę przyznać się mamie do uczucia, jakim darzy Olę. Nie reaguje też już płaczem, gdy mama go strofuje. Nazajutrz mamy dzieci stawiają się z nimi w szkole. Atmosferę dodatkowo podgrzewają Marcela i Adam. Mama Łukasza wypisuje syna ze szkoły i poszukuje dla nich nowego miejsca zamieszkania, o czym chłopiec informuje Olę, gdy udaje im się spotkać przy śmietniku. Podczas pobytu u taty Łukasz słyszy od niego, że ma jeszcze czas na umawianie się z dziewczynami. Kiedy przypadkowo siostrzeniec pani Iwony mówi mu o rozwodzie jego rodziców, chłopiec pod wpływem emocji odjeżdża na rowerze, korzystając z wcześniejszych wskazówek Oli.

XV. Ola

Ola jest rozgoryczona rozłąką z Łukaszem, a także tym, że mama nie rozumie jej uczuć, ignoruje je. Kobieta nie pochwala również nowej znajomości babci, zawartej dzięki Allegro. Pana Jana, a także Jaromira Twardka – narzeczonego Basi Ola poznaje podczas odwiedzin u babci. W trudnej sytuacji dziewczynkę wspiera Marcela – radzi jej, aby spróbowała skontaktować się z Łukaszem, wchodząc na fora wielbicieli pająków. Ola z kolei pomaga Marceli, wyjaśniając, że sąsiadka niesłusznie oskarżyła ją o śmierć jednego ze szczeniaków, ponieważ dotyk dziewczynki nie mógł tego spowodować.

XVI. Łukasz

Przez pięć lat Ola usiłuje skontaktować się z Łukaszem. Teraz jest on przystojnym szesnastolatkiem mieszkającym w Gdańsku. Trafia do niego dopiero 623. e-mail od dawnej dziewczyny, w którym informuje ona chłopca o tym, co zmieniło się w życiu osób, które znał w Warszawie: Basia wyszła ponownie za mąż, Adam z rodzicami wyprowadził się do Genewy, Marcela chce studiować weterynarię. Jedynie u Oli nie zaszły zmiany. Choć w chwili otrzymania wiadomości Łukasz przebywa z Marzeną, informacja o tym, że u Oli *nic się nie zmieniło*, wywołuje u niego przypływ dawnych uczuć. Wbrew temu, co mówi swojej koleżance, zamierza Oli odpisać.

CHARAKTERYSTYKA GŁÓWNYCH BOHATERÓW

OLA MRÓZ

Przedstawienie postaci

Aleksandra Mróz to **tytułowa bohaterka** książki Ewy Nowak. Wraz z **mamą Anną** i **starszą siostrą Basią** mieszka na jednym z warszawskich osiedli w dzielnicy Białołęka. Często spotyka się z babcią (mamą swojej mamy), nie utrzymuje natomiast kontaktu ze swoim tatą, ponieważ ten po rozwodzie założył nową rodzinę i nie odwiedza starszych córek. Ola w efekcie tego nie zna swego przyrodniego rodzeństwa. Przyjaźni się z Marcelą, ma też liczne grono znajomych. **Uczęszcza do piątej klasy szkoły podstawowej.** Jej nowym kolegą, którego z czasem obdarza miłością, jest Łukasz Tomaszewski.

Wygląd

Ola, pomimo odstających uszu, o których sama mówi podczas starcia z Adamem, należy do osób wyróżniających się urodą – w ocenie Łukasza oraz jego taty jest **bardzo ładna**, najładniejsza z klasy. Jako śliczną określa ją mama Łukasza, a nawet nielubiący dziewczynki Adam. W świetle zachodzącego słońca jej włosy mienią się rudawo. Ola prawdopodobnie z powodu swej ruchliwości i nieuwagi ma nogi pokryte licznymi siniakami i strupami. Jest szczupła. Na pozór nie przywiązuje wagi do wyglądu: włosy ma nieuczesane, sprawia wrażenie „**potarganej**", nie zwraca uwagi na niezawiązane sznurowadła. Źle się również czuje w stroju galowym, chociaż pięknie się w nim prezentuje. Dostrzega jednak niemodne spodnie Marceli i dziwi się Łukaszowi, że ich nie zauważył, co może świadczyć o tym, że mimo wszystko dziewczynka stara się ładnie i modnie wyglądać.

Zainteresowania i uzdolnienia

Ola **źle sobie radzi z nauką** – ma słabą pamięć, używa błędnych form językowych, nie potrafi pisać wypracowań – w związku z czym nie przepada za szkołą, za to **uwielbia aktywnie spędzać czas wolny:** świetnie jeździ na rowerze, fika koziołki na trzepaku. Z przyjemnością także tańczy. Łatwość, z jaką wykonuje te czynności, wynika z **dużej sprawności fizycznej**. Jej ulubiony przedmiot szkolny to wychowanie fizyczne. Pod wpływem miłości do Łukasza zmienia się jednak. W rozmowie z Marcelą dziewczynka twierdzi, że *matematyka to królowa nauk*. Częste przebywanie z chłopcem skutkuje również zainteresowaniem się Oli fotografią. Dziewczynka zwraca teraz uwagę na światło i na to, jakie zdjęcie mogłoby dzięki niemu powstać.

Usposobienie

Ola to **energiczna** osoba obdarzona **dużym temperamentem**, co sprawia, że zamiast stać bądź siedzieć spokojnie zawsze coś kopie, macha nogą, uderza kwiatami o ścianę, kiwa się na krześle. **Łatwo ulega emocjom** – w złości porzuca rower nad brzegiem Wisły, pisze do Łukasza karteczki o dosadnej treści, wygarnia mu, co myśli na jego temat, w ogóle nie zwracając uwagi na obecność pana Tomaszewskiego, a gdy nie radzi sobie z wypracowaniem, rzuca zeszytem o sufit. Kiedy trzeba, bije się z chłopakami oraz używa brzydkich słów. Z uwagi na tę żywiołowość i impulsywność przez tatę Łukasza nazywana bywa *ostrą facetką* i *żyletą*. Okazuje się jednak, że Ola bywa też onieśmielona, nie wie, co powiedzieć, ceni ciszę – taką Olę obserwujemy, gdy przebywa z Łukaszem. Dziewczynka jest ponadto **bardzo towarzyska, lubi rywalizację** i z reguły dąży do bycia najlepszą. Jedynie w konkursie rzutek bardziej niż na własnym zwycięstwie zależy jej na zwycięstwie Łukasza, co dowodzi siły jej uczucia. Nie przywiązuje większej wagi do czystości czy porządku.

Cechy charakteru

Ola ma wiele zalet. Jest **ambitna, zdecydowana w działaniu, uparta i konsekwentna**: chcąc skontaktować się z Łukaszem, wysyła 623 e-maile do różnych adresatów, mimo że nie otrzymuje odpowiedzi. **Pomaga innym** w trudnych sytuacjach: np. dopinguje Łukasza podczas konkursu w rzutki, kiedy z kolei Marcela, pod wpływem słów sąsiadki, siebie obwinia za śmierć szczeniaczka, Ola wyjaśnia jej, że nie ma racji. Dziewczynkę cechuje też duża **odwaga**: poza pająkami niczego się nie boi, a swojego zdania broni nawet za cenę bójki z chłopakami. Kilka razy staje w obronie Łukasza. **Siła woli** oraz zaufanie do niego sprawiają, że Ola pokonuje nawet swój lęk przed pająkami i całuje ilustrację przedstawiającą jednego z nich, a potem obojętnieje na ich widok. Bohaterka dotrzymuje danego słowa. Ponadto **nie przejmuje się zbyt mocno problemami**, czego zazdrości jej mama.

Słabościami charakteru Oli okazują się **uszczypliwość** (kiedy dowiaduje się, że Patrycja czeka na chłopaka, chce jej złośliwie odpowiedzieć), nadmierna **ciekawość** (podsłuchuje rozmowy dorosłych), **brak dyskrecji** (opowiada babci o kłopotach sercowych Basi czy jej jedynkach), a także zbytnia **bezpośredniość** (nieproszona komentuje wygląd Łukasza). Niekiedy dziewczynka posuwa się do **kłamstwa**: otóż mówi Patrycji, że ma chłopaka Łukasza, co w danym momencie nie jest prawdą, okłamuje też Marcelę, chcąc tylko z Łukaszem spędzić popołudnie, i nie ma wyrzutów sumienia z tego powodu. Oprócz tego **nie zawsze jest lojalna** w stosunku do przyjaciółki – w rozmowach z Łukaszem nie wyraża się o niej zbyt pochlebnie, podyktowane jest to jednak zazdrością. Ola bywa zazdrosna również o inne osoby – w pizzerii źle znosi podziwianie przez jej mamę i mamę Łukasza jego inteligencji, przeszkadza jej też, że mama faworyzuje Basię.

Stosunek do innych

Ola jest bardzo towarzyska, lubi przebywać wśród innych osób i ma **duże grono znajomych**, zarówno na własnym podwórku, jak i na osiedlu swojej babci. **Nie lubi osób wykorzystujących innych** – z tego powodu nalega, by Łukasz nie odrabiał prac domowych za Adama. **Ze swoją starszą siostrą Basią nie ma najlepszego kontaktu.** Nie zwierza się jej z obawy przed wyśmianiem. Nie rozumie też, dlaczego wobec Basi jej mama jest bardzo pobłażliwa, ją natomiast stale krytykuje i nie pozwala jej na pewne zachowania. Chociaż Ola bardzo **kocha swoją mamę**, tak jak i ona córkę, obie rzadko to sobie okazują. Ola przyjaźni się z Marcelą, ale kiedy ta zaczyna interesować się Łukaszem, zmienia do niej stosunek: jest o nią zazdrosna, nieładnie się o niej wypowiada. Marcela również nie jest wobec niej lojalna. Łukasz z kolei początkowo nie wzbudza w Oli sympatii. Gdy dzieci bliżej się poznają, rodzi się między nimi **przyjaźń i prawdziwa miłość**.

Ocena postaci

Ola to **pozytywna** bohaterka. Chociaż nie jest pozbawiona wad, może liczyć na sympatię czytelnika. Dzieje się tak za sprawą siły jej miłości do Łukasza. Mimo nieprzychylności wielu osób: mamy, pani Tomaszewskiej, Marceli czy Adama dziewczynka potrafi walczyć o swoje uczucie, a gdy Łukasz przeprowadza się w nieznane dla niej miejsce, nie ustaje w staraniach, aby się z nim skontaktować. Książkę kończymy czytać, mając nadzieję, że bohaterowie znów będą razem.

ŁUKASZ TOMASZEWSKI

Przedstawienie postaci

Łukasz Tomaszewski to jedyny syn **Beaty** i **Makarego Tomaszewskich**. **Przeprowadza się** na osiedle w dzielnicy Białołęka w Warszawie i rozpoczyna naukę **w piątej klasie** razem z nowo poznanymi dziewczynkami: Olą i Marcelą. Z czasem między nim a Olą rodzi się miłość. Jego tata jest lekarzem przez kilka lat pracującym za granicą. Pod koniec utworu dowiadujemy się, że Łukaszowi niedługo urodzi się przyrodni brat. W ostatnim rozdziale Łukasz ma szesnaście lat, mieszka w Gdańsku i przyjaźni się z dziewczyną o imieniu Marzena.

Wygląd

Łukasz jest chłopcem **chudym** i **niskim**. Z tego powodu pani Mróz, zła na niego, nazywa go mikrusem. Ponieważ ma dużo kompleksów, chłopak chodzi **zgarbiony**, co niekorzystnie wpływa na jego wygląd. Z powodu krzywych zębów **nosi aparat ortodontyczny**. Łukasz musi też ćwiczyć nogi – prawdopodobnie urodził się ze zniekształconymi stopami i stąd **konieczność stałej rehabilitacji** oraz jego kłopoty z jazdą na rowerze czy grą w piłkę nożną. Dopiero pocałowanie Oli sprawia, że chłopiec w swoich oczach zyskuje na atrakcyjności i uważa się za niebrzydkiego. Po pięciu latach Łukasz prezentować się będzie dużo lepiej: **będzie przystojnym, wysokim chłopakiem**, o szerokich ramionach i gęstych włosach, wyglądającym na więcej niż szesnaście lat.

Zainteresowania i uzdolnienia

Łukasz to **bardzo inteligentny** chłopiec, *ze wszystkich ludzi najmądrzejszy* – jak twierdzi Ola. Obdarzony jest **nieprzeciętną**, fotograficzną wręcz **pamięcią** – wystarczy mu rzut oka na coś lub na kogoś, żeby to zapamiętać. Dzięki temu nauka nie sprawia mu żadnych trudności i uzyskuje on w szkole same **najwyższe oceny**. Podczas opisanej w utworze lekcji języka polskiego ujawnia się nie tylko talent pisarski Łukasza, ale także jego zdolność do improwizacji, czyli wymyślenia czegoś na poczekaniu. Jedynym przedmiotem szkolnym, którego nie lubi, jest wychowanie fizyczne. Chłopiec **nie umie jeździć na rowerze i słabo gra w piłkę nożną**, przez co czuje się gorszy od innych dzieci. Jego niepowodzenia w tej dziedzinie wiążą się zarówno z nie w pełni sprawnymi nogami, jak i złą koordynacją ruchową. Łukasz za to celnie trafia w tarczę. Najbardziej interesuje się **pająkami** oraz **fotografią**. Druga z pasji sprawia, że Łukasz **prowadzi fotoblog** – na nim zamieszcza swoje ulubione zdjęcia, a te zrobione na dyskotece budzą uznanie wśród kolegów, gdy pokazuje je w klasie.

Usposobienie

Łukasz należy do **miłych, kulturalnych, cichych** i **spokojnych** osób, nienarzucających się drugiemu człowiekowi, zgadzających się z innymi. Zawsze postępuje w taki sposób, by nikt się na niego nie zdenerwował. Mama Oli nazywa go nawet „ciapą" i „ciepłymi kluchami". Chłopiec jest bardzo **wrażliwy**, nie potrafi powstrzymać łez pod wpływem emocji, czerwieni się, kiedy się wstydzi. Dopiero doprowadzony do ostateczności, reaguje gwałtownie: uderza Adama albo ucieka od taty, wsiadając na rower i szybko na nim odjeżdżając. Nie od razu odnajduje się w nowym środowisku, **z trudem też nawiązuje kontakty z rówieśnikami**, na co duży wpływ mają jego **nieśmiałość i mała sprawność fizyczna**. Dba o czystość i porządek.

Cechy charakteru

Jedną z zalet chłopca jest **łatwość znoszenia przeciwności losu**: gdy dostaje pierwszą jedynkę w życiu, nie robi to na nim wrażenia, a kiedy musi iść na dyskotekę, tłumaczy sobie, że inteligentny człowiek nigdy się nie nudzi. Potrafi też być **dyskretny** (nie chce rozmawiać z Marcelą o Oli ani z Adamem o tym, jak Ola całuje), okazać **wdzięczność** (odrabia lekcje za Adama), a także **wczuć się w sytuację drugiego człowieka** (nie chcąc pogrążać Oli, nie czyta swojego wypracowania o wystawie kotów). Kłamie niezwykle rzadko, a gdy już skłamie, ma wyrzuty sumienia. Łukasz w **sprytny** sposób wykorzystuje swoją inteligencję, np. dzięki dużej wiedzy z dziedziny sportu udaje mu się odciągnąć uwagę kolegów od jego słabej gry w piłkę.

Jednocześnie cechuje go **naiwność**: nie orientuje się, że jego tata odszedł od mamy, jak również wierzy Adamowi w wymyśloną historyjkę z inną Olą i daje mu się szantażować, co bardzo potem przeżywa. Łukasz **nie potrafi również bronić własnego zdania**, brak mu pewności siebie. Czasem jednak mówi to, co myśli, np. nie zgadza się z negatywnymi opiniami swojej mamy na temat Oli. Taka postawa pokazuje, jak bardzo zależy mu na dziewczynce. Prawdopodobnie jednak **brak siły charakteru i uległość** chłopca sprawiają, że po przeprowadzce do Gdańska nie próbuje nawiązać kontaktu z Olą.

Stosunek do innych

Łukasz ma **problemy w relacjach z rówieśnikami**. Onieśmielają go, bowiem zdaje sobie sprawę ze swojej odmienności: nie umie jeździć na rowerze, kiepsko radzi sobie na boisku, nosi aparat ortodontyczny, z powodu którego mówi niewyraźnie. Dzięki inteligencji i ciekawym pasjom potrafi jednak zaskarbić sobie przychylność innych dzieci – z dużym zainteresowaniem oglądają wykonane przez niego zdjęcia, z uwagą słuchają tego, co mówi o sporcie, czy jego opisu przeprowadzki. Niestety

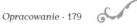

chłopiec daje się też innym wykorzystywać, co widać na przykładzie relacji z Adamem. **Ciekawa osobowość** Łukasza przyciąga dziewczyny: Ola obdarza go szczerym i silnym uczuciem, podkochuje się w nim Marcela, a zapewne też i Marzena.

Ocena postaci

Łukasz to bohater, który **wzbudza sympatię** czytelnika, choć jego niektóre cechy, takie jak uległość czy naiwność, mogą drażnić. Tym, co zasługuje na uznanie, jest natomiast jego stosunek do zwierząt: chłopiec z wielkim szacunkiem odnosi się do pająków, nie chce, by ktoś robił im krzywdę.

CHARAKTERYSTYKA PORÓWNAWCZA OLI I ŁUKASZA

	Ola	Łukasz
Wiek	10–11 lat	10–11 lat
Wygląd	bardzo ładna	chudy, niski i przygarbiony
Zainteresowania	aktywność fizyczna, w tym głównie jazda na rowerze	pająki, fotografia, nauka
Uzdolnienia	duża sprawność fizyczna	świetna pamięć, duża inteligencja, talent pisarski, zdolności improwizacyjne
Słabsze strony	kiepska pamięć, brak umiejętności pisarskich	mała sprawność fizyczna
Lęki i zahamowania	pająki	jazda na rowerze
Ulubiony przedmiot szkolny	wychowanie fizyczne	wszystkie oprócz wychowania fizycznego
Wyniki w nauce	słabe	bardzo dobre
Usposobienie	żywiołowa, towarzyska, impulsywna, skora do bijatyk, używa wulgaryzmów, nie przywiązuje większej wagi do czystości czy porządku	spokojny, mający trudności w relacjach z kolegami, wrażliwy, kulturalny, dba o czystość i porządek

	Ola	Łukasz
Cechy charakteru	upór, konsekwencja, odwaga, słowność, bezpośredniość, łatwość kłamania, brak dyskrecji	łatwość znoszenia przeciwności losu, niechęć do kłamstwa, dyskrecja, naiwność, uległość, brak odwagi w bronieniu swojego zdania

PROBLEMATYKA UTWORU

PIERWSZA MIŁOŚĆ

Utwór *Pajączek na rowerze* dotyczy przede wszystkim **pierwszej miłości**. Nie jest to miłość od pierwszego wejrzenia. **Rodzi się powoli**: początkowo Łukasz i Ola się nie lubią, dopiero po pewnym czasie, gdy poznają się bliżej, ich wzajemną niechęć zastępuje sympatia. **Pomagają sobie w trudnych sytuacjach.** Dzięki Oli Łukasz nie musi tłumaczyć Basi, że nie jeździ na rowerze, i to ona tańczy z nim na dyskotece. Łukasz z kolei, narażając się na jedynkę, nie czyta podczas lekcji swojego opisu wystawy kotów, aby uchronić dziewczynkę przed dodatkową krytyką ze strony nauczycielki. Wzajemna sympatia przeradza się w oddanie i miłość. Ponieważ dzieci nigdy wcześniej nie darzyły nikogo takim uczuciem, **nie od razu uświadamiają sobie, co czują**, nie wiedzą też, jak powinny się zachować, co sobie powiedzieć. Ich uczucie to również dowód na to, że **przeciwieństwa się przyciągają**: Ola jest energiczna, lubi jeździć na rowerze i boi się pająków, Łukasz natomiast to chłopiec spokojny, zafascynowany pająkami, za to niepotrafiący jeździć na rowerze.

Chociaż mają dopiero po 10–11 lat, a ich podejście do miłości jest nieco naiwne (od razu ustalają, że się pobiorą), okazuje się, że **kochają szczerze i głęboko**. Ola, w odróżnieniu od swojej starszej siostry, która raz po raz zrywa z kolejnym chłopakiem, wciąż myśli o Łukaszu i stara się go odnaleźć. Nie jest to łatwe: dorośli nie są przychylni ich miłości, mijają kolejne lata, Łukasz mieszka daleko, a kolejne próby skontaktowania się z nim się nie udają. Na szczęście po pięciu latach jej starania kończą się sukcesem.

Miłość Oli i Łukasza to **miłość odwzajemniona i wspierająca**, pozwala przezwyciężyć im własne zahamowania, zmienia ich na lepsze:

Ola przełamuje swój strach przed pająkami, nie uważa już, że należy je zabijać, lubi matematykę, a Łukasz dzięki Oli wygrywa w konkursie w rzutki, potrafi też jeździć na rowerze, co staje się jego pasją.

Ale miłość Oli i Łukasza to również **miłość będąca przyczyną smutku i rozpaczy**. Nie pochwalają jej ich mamy, mimo że według pani Mróz każdy ma prawo do miłości. Gdy dzieci zostają przyłapane na pocałunku, kobiety są na nie bardzo złe. Uważają, że Ola i Łukasz są za mali na miłość, mają jeszcze czas na poważny związek i należy ich rozdzielić, aby ochronić przed negatywnym wpływem na siebie. Nie starają się ich zrozumieć ani im pomóc. Wybierają najprostsze rozwiązanie: niszczą związek Oli i Łukasza, zupełnie nie licząc się z ich uczuciami. Z pewnością na takie potraktowanie ich miłości wpływa stosunek dorosłych do dzieci. Nie mają do nich zaufania, wciąż je krytykują, nie traktują poważnie ich pragnień czy lęków.

BRAK DOBREJ KOMUNIKACJI W RODZINIE

W tle rodzącej się dziecięcej miłości ukazane zostały w utworze problemy życia codziennego, w tym **brak dobrej, mądrej komunikacji w rodzinie**, opartej na szacunku, zaufaniu i szczerości.

Ani Ola, ani Łukasz **nie czują wsparcia ze strony rodziców**. Ojciec Oli się nią nie interesuje, już dawno założył nową rodzinę. Dziewczynka nie odczuwa z nim żadnej więzi. Łukaszowi wyznaje: *Ja nie lubię mojego tatusia, bo nigdy mnie nie odwiedza, tylko wysyła dużo pieniędzy.* Mama natomiast w opinii Oli **faworyzuje jej starszą siostrę**, a do niej ma ciągłe pretensje, nie liczy się z jej zdaniem, tylko jej jednej wytyka błędy językowe. Ola prawdopodobnie wielokrotnie słyszała krytykę z ust swojej mamy, skoro od razu uznała, że kobieta karcąca Łukasza to jego mama (*Było oczywiste, że ta pani jest jego mamą, bo tylko mamy tak niemiło mówią do swoich dzieci*). Ze swoich problemów dziewczynka nie może zwierzyć się także swojej siostrze, gdyż boi się wyśmiania przez nią.

Podobnie Łukaszowi brakuje oparcia w rodzinie. Ma wrażenie, że jego mamie zależy głównie na tym, aby pilnował porządku w mieszkaniu, zdrowo jadł, przyjmował witaminy, nosił aparat ortodontyczny, ćwiczył stopy. **Na nim rozładowuje ona swoje napięcia i stres** (*Gdy spotkały ją jakieś nieprzyjemności, zaraz miała do niego sto pretensji o wszystko, co tylko jej się przypomniało*). Nie rozumie, jak trudno odnaleźć mu się w nowej szkole ani jak bardzo tęskni za tatą. Kobieta często otwarcie i ostro krytykuje ojca chłopca, zupełnie nie zważając na uczucia Łukasza do niego. Z tatą Łukasz ma bardzo dobre relacje, ale mężczyzna rzadko bywa w domu – najpierw pracuje za granicą, później rozwodzi się z mamą Łukasza, ponownie żeni i oczekuje dziecka, dlatego Łukasz z mamą muszą opuścić mieszanie. Chłopiec dowiaduje się o tym przez przypadek od siostrzeńca pani Iwony. Łukasz w obliczu tych faktów zostaje zupełnie sam, **nikt o niczym mu nie powiedział**, nikt niczego nie wytłumaczył. W odróżnieniu od mamy tata chłopca niczego synowi nie nakazuje, czym stara się zaskarbić sobie jego sympatię. Ojciec nie zawsze dotrzymuje danego słowa, okłamuje go w kwestii pani Iwony, a nawet nakłania do kłamstwa. Niepochlebnie wyraża się o mamie syna. O ile początkowo zachęca Łukasza, aby umawiał się z Olą, o tyle później twierdzi, że jest na to za mały. **Nie liczy się z uczuciami chłopca**.

W książce poruszony został ponadto problem **nie najlepszych relacji między dorosłymi**. Rodzice Łukasza rozwodzą się z powodu związku jego taty z inną kobietą. **Nie potrafią rozstać się w zgodzie ani poinformować o tym syna**. Oczerniają się wzajemnie w oczach Łukasza, krytykują stosowane przez siebie metody wychowawcze, zupełnie nie szanując uczuć chłopca. Rodzice Oli z kolei nie utrzymują ze sobą kontaktu, w związku z czym mama dziewczynki sama wychowuje córki. Kobieta nie rozumie nie tylko poglądów i uczuć swojej młodszej córki. Tak samo **krytyczna jest wobec swojej mamy**. Z jednej strony narzeka, że musi się nią zajmować, a gdy ta stara się być samodzielna i znajduje nowe zainteresowania, wyraźnie tego nie pochwala, uważa za dziecinną, odmawia jej też prawa do zawierania nowych znajomości, zupełnie jakby nie była dorosła. Również przyjaźń mam Oli i Łukasza źle się kończy. Odnowiona po wielu latach szkolna znajomość **nie zdaje egzaminu w obliczu miłości ich dzieci**. O ile wcześniej każda z nich zachwycała się dzieckiem drugiej, teraz je gani i oskarża o negatywny wpływ na jej dziecko. Przy okazji odżywają zadawnione urazy kobiet.

Książka Ewy Nowak obnaża zatem współczesne problemy rodziny: brak zrozumienia dla cudzych poglądów, uczuć i potrzeb, ukrywanie niektórych, czasem bardzo ważnych, spraw, nieumiejętność nawiązywania głębszych więzi uczuciowych, brak szczerej rozmowy, brak rodzinnego ciepła, rozpad rodziny oraz nieinteresowanie się dziećmi z poprzedniego małżeństwa.

GATUNEK I BUDOWA UTWORU

Książka *Pajączek na rowerze* to **powieść**. Jest to utwór **o znacznej objętości** – liczy szesnaście rozdziałów. Napisany został **prozą**. Zawiera **liczne dialogi**, opisy sytuacji i przeżyć. Czas akcji obejmuje **kilka miesięcy**, a w ostatnim rozdziale **przesuwa się ona o kilka lat**. Przedstawione zdarzenia skupiają się wokół Oli i Łukasza oraz ich wzajemnej relacji. Tworzą **wątek główny**, to jest wątek dziecięcej miłości. Pozostałe wydarzenia składają się na **wątki poboczne**: wątek rozpadu rodziny Łukasza, relacji dorosłych z dziećmi, relacji mamy Oli ze swoją mamą, adaptacji Łukasza w nowej szkole.

Wszystkie wydarzenia przedstawione zostały tu **w kolejności chronologicznej**, a więc tak, jak następowały po sobie w czasie. Dużemu nagromadzeniu wydarzeń towarzyszy duża liczba bohaterów. W utworze występują zarówno **bohaterowie główni** (Ola, Łukasz), jak i **postacie drugoplanowe** (np. mamy dzieci, Marcela, Baśka, babcia Oli, tata Łukasza) oraz **epizodyczne** (np. Czapon, pani Bocian – nauczycielka języka polskiego, sąsiadka Marceli, pan Jan – narzeczony babci Oli).

Osoba, która w książce relacjonuje zdarzenia, czyli **narrator**, używa czasu przeszłego, typowego dla formy opowiadania. Wypowiada się w trzeciej osobie i dlatego mamy tu do czynienia z **narracją trzecioosobową**. Narrator nie uczestniczy w przedstawianych wydarzeniach, jest tylko ich obserwatorem. Nie jest on jednak ani wszechwiedzący, ani obiektywny (bezstronny w ocenie osób czy sytuacji), ponieważ przedstawia je z punktu widzenia głównych bohaterów: Oli i Łukasza.

W rozdziałach zatytułowanych *Ola* narrator prezentuje zdarzenia **z perspektywy Oli**, przytacza myśli dziewczynki, skupia się na jej emocjach, uczuciach, dążeniach. Sposób wypowiedzi narratora pokrywa się po części ze stylem wypowiedzi bohaterki (np. *Na progu stał Łukasz we własnej osobie. Olę aż zatkało. Co za bezczelność! W zasadzie w tym momencie powinna iść po tasak lub po trutkę na szczury i spełnić groźbę. A tymczasem stała i patrzyła na tego bezczelnego typka*). W rozdziałach zatytułowanych *Łukasz* narrator przyjmuje inny punkt widzenia. Opisane sytuacje widziane są tutaj **oczami chłopca** (np. *Ta dziewczyna nawet mu nie przeszkadza, chociaż cały czas strasznie się miota po mieszkaniu. Na szczęście nie odzywa się do niego. Bez łaski*). Rozdziały *Ola* i *Łukasz* następują po sobie kolejno, dzięki czemu niektóre wydarzenia ukazane są w dwóch różnych, dopełniających się ujęciach.

INDEKS KOMENTARZY DO TEKSTU

– okłamuje Marcelę – str. 91
– onieśmielenie spowodowane obecnością Łukasza – str. 74, 76
– płacz z powodu niemożności skontaktowania się z Łukaszem – str. 155
– poczucie nierównego traktowania jej i siostry – str. 12, 89, 92
– pomaga Łukaszowi w trudnej sytuacji – str. 35, 123
– pomaga Marceli – str. 153
– poruszona wyznaniem Łukasza – str. 66, 74
– przeświadczona o tym, że siostra ją wyśmieje – str. 64
– radość z tańca – str. 59
– radość z tego, że jej miłość nie jest tajemnicą – str. 130
– rozgoryczona rozłąką z Łukaszem – str. 150
– rozwiązuje problemy siłowo – str. 103, 129
– ruchliwa – str. 45, 127
– silna – str. 107
– skrępowana na myśl o spotkaniu z Łukaszem – str. 103
– słabo radzi sobie z pisaniem wypracowań – str. 53
– słowa mamy sprawiają jej przykrość – str. 51
– smutna na wieść, że nie spotka się z Łukaszem – str. 103
– staje w obronie Łukasza – str. 90, 107, 138
– stała w uczuciach – str. 157
– stosunek do Łukasza – str. 89
– stosunek do Marceli – str. 74, 88, 110
– stosunek do taty – str. 126
– strach przed pająkami – str. 14, 39, 87, 112
– śliczna – str. 54
– towarzyska – str. 71
– uparta – str. 135
– uradowana, że Łukasz bardzo ją lubi – str. 107
– uszczypliwość – str. 72
– uznanie dla mamy – str. 43
– używa błędnych form językowych – str. 24, 109
– zaciekawienie sprawami dorosłych – str. 23, 25
– zaczyna interesować się tym, co Łukasz – str. 89, 90
– zamiłowanie do aktywności fizycznej – str. 7
– zazdrość o Marcelę – str. 65, 112
– zazdrość o podziwianie inteligencji Łukasza – str. 45
– złość na Łukasza – str. 27, 83
– złość na mamę – str. 149
– złość na Marcelę i Łukasza – str. 62
– zmiana stosunku do Adama – str. 116

– pokonuje swoje zahamowanie związane z jazdą na rowerze – str. 148
– pomaga Oli przezwyciężyć strach przed pająkami – str. 113
– problemy w kontaktach z rówieśnikami – str. 17
– przejęty niepowodzeniem Oli – str. 56
– przestraszony awanturą – str. 136
– przygnębiony z powodu własnej naiwności – str. 121
– przystojny – str. 156
– przywiązuje dużą wagę do pamiątek – str. 82
– przyznaje, że zależy mu na Oli – str. 119
– radość na myśl o spotkaniu z tatą – str. 58, 75
– radość z pocałowania Oli – str. 142
– słabo gra w piłkę nożną – str. 18, 37
– słowa świadczące o jego zainteresowaniu Olą – str. 74
– smutno mu na myśl, że nie ma z nim Oli – str. 96
– staje w obronie Oli – str. 100, 124
– stosunek do taty – str. 126
– strach przed odtrąceniem przez kolegów – str. 118
– tęsknota za tatą – str. 16
– umiejętność godzenia się z sytuacją – str. 59
– wiek – str. 156
– wdzięczność dla Adama – str. 76
– wygląd – str. 10
– wykorzystuje swą niezwykłą pamięć – str. 37
– wyrzuty sumienia z powodu kłamstwa – str. 82
– wyrzuty sumienia z powodu zignorowania Oli – str. 82
– wyśmiewany przez rówieśników – str. 31
– zaskoczony informacją o rozwodzie rodziców – str. 147
– zawstydzenie – str. 10
– zazdrości Adamowi świetnej gry w piłkę – str. 38
– zdobywa się na odwagę w rozmowie z mamą – str. 143
– złość na mamę – str. 125
– złość spowodowana nieumiejętnością jazdy na rowerze – str. 26, 32
– zmiana zdania o swoim wyglądzie – str. 142

Ola i Łukasz
– radość ze wspólnego przebywania ze sobą – str. 65, 114
– śmieszą ich te same rzeczy – str. 92
– wzajemnie się komplementują – str. 109
– wyznają sobie, że bardzo się lubią – str. 115
– zakłopotanie wywołane wzajemnymi spojrzeniami – str. 67

Mama Oli
– brak dyskrecji pomimo słów o prawie Basi do prywatności – str. 71
– krytyczna wobec nowych zainteresowań babci – str. 47, 69
– o babci – str. 11
– o kłopotach z babcią – str. 11, 29
– o Łukaszu – str. 41, 104, 107, 138
– o miłości – str. 126, 140, 141
– o Oli – str. 107
– oczekuje od Oli, że będzie pomagać Łukaszowi – str. 24
– odmawia babci prawa do spotykania się z mężczyznami – str. 151
– pobłażliwa w stosunku do Basi – str. 105
– przeświadczona o tym, że Ola nie lubi Łukasza – str. 64, 104
– ukrywa przed Olą niektóre sprawy – str. 23
– złość na Olę – str. 28

Mama Łukasza
– dba, by syn pilnował porządku – str. 18
– krytykuje tatę Łukasza – str. 81
– lekceważy sprawy ważne dla Łukasza – str. 100
– nie potrafi powiedzieć synowi o rozstaniu z jego tatą – str. 76
– o Oli – str. 54, 100, 124, 137
– podważa przy Łukaszu autorytet jego taty – str. 99
– przeżywa rozstanie z mężem – str. 134
– troszczy się o zdrowie syna – str. 16

Babcia Oli
– chęć rozwoju – str. 34, 69
– uczęszcza na lekcje języka angielskiego – str. 104

Tata Łukasza
– krytykuje mamę Łukasza – str. 83, 84
– nakłania syna do kłamstwa – str. 99
– podważa przy synu autorytet jego mamy – str. 78
– o Oli – str. 83
– okłamuje syna – str. 78, 96
– myli brzmienie pełnego imienia Oli – str. 95
– nie dotrzymuje danego słowa – str. 79, 132
– zmiana stosunku do chodzenia Łukasza z dziewczynami – str. 146
– zmienia plany – str. 127

Marcela
– dziwne zachowanie w stosunku do szczeniąt – str. 90
– nielojalna wobec Oli – str. 113, 144

WAŻNE WYDARZENIA

Spis treści